Abraham Gordon

Spinozas Psychologie der Affekte mit Rücksicht auf Descartes

Abraham Gordon

Spinozas Psychologie der Affekte mit Rücksicht auf Descartes

ISBN/EAN: 9783743661301

Hergestellt in Europa, USA, Kanada, Australien, Japan

Cover: Foto ©Thomas Meinert / pixelio.de

Weitere Bücher finden Sie auf **www.hansebooks.com**

Spinoza's Psychologie der Affekte mit Rücksicht auf Descartes

dargestellt

von

Abraham Gordon

aus Wilna.

> Nihil in natura fit, quod ipsius vitio possit tribui.
> Spinoza.

Inaugural-Dissertation

behufs Erlangung

der Doctorwürde

der hohen philosophischen Facultät

der Universität Leipzig

vorgelegt.

Breslau 1874.

Druck von H. Sulzbach.

Seinem

hochverehrten Gönner und Freunde

dem

Herrn Jsack Radin

und der hochverehrten

Frau Ernestine Radin
geb. Friedländer

in ausgezeichneter Hochachtung gewidmet

vom Verfasser.

Vorwort.

Während die neuste Literatur über Spinoza die Genesis seiner Metaphysik zum Thema hat und deren Grundgedanken in fremden Quellen entdeckt, bleibt die Leistung Spinoza's auf dem Gebiete der Affekte unbestritten originell und echt. Das geringe Interesse des Alterthums und des Mittelalters an den so genannten Schwächen und Mängeln des menschlichen Gemüths liess für die dogmatischen Philosophen, Descartes und Spinoza ein fast unbearbeitetes, aber nichts desto weniger weites und fruchtbares Feld zum Bebauen übrig. Wenn aber das Verdienst des Descartes um die Lehre der Leidenschaften in so weit anerkannt werden muss, als er der Erste war, der von der bis zu seiner Zeit üblich gewesenen Eintheilung der Leidenschaften in begehrliche und zornartige abwich, alle Hauptarten der Leidenschaften behandelte und deren erste Ursachen zu entdecken strebte: so waren doch sowohl die vorwiegend ethische Tendenz, als die Methode in seiner Behandlung dieses Gegenstandes nicht geeignet, Princip und Wesen derselben zu erkennen und das zu liefern, was sein Nachfolger, von ihm angeregt, geleistet hat. Das Streben des Verharrens im Sein, welches Descartes als allgemeines Naturgesetz ausgesprochen und für seine Physik glücklich verwerthet hatte, blieb von ihm für die Lehre von den Leidenschaften gänzlich unbenutzt, und erst Spinoza erblickte darin das oberste Princip aller Gemüthserregunge eine Entdeckung, die ihn in den Stand gesetzt hat, eine Naturlehre der Affekte aufzustellen, in welcher alle Zustände und Strebungen der Seele aus dem Selbsterhaltungsstreben abgeleitet werden.

Diese Spinozische Theorie der Affekte, die, von Spinoza in geometrischer Methode geliefert, einer erläuternden Darstellung bedarf, auseinanderzusetzen, Sp's. Tendenz und Verfahrungsweise darin anzugeben, wie auch dessen historische Bedeutung und Verdienst um diese Lehre seinem Vorgänger Descartes gegenüber hervortreten zu lassen, ist der Zweck dieser Schrift. Man wird darin finden, dass Sp. sich neben der Ableitung aller Affekte aus einem Princip auch die Aufgabe gestellt, das Begehren von den Gefühlen zu trennen, die einfachen Affekte und deren Folgen aufzusuchen und sie mit besonderen Namen zu benennen. Auch wird darin gezeigt, dass Sp. es ist, der das Specifische und Eigenthümliche der einzelnen Gefühle, welche von ihm auf Lust- und Unlustgefühle zurückgeführt werden, in der besonderen Gestalt und Verknüpfung der sie verursachenden und begleitenden Vorstellungen entdeckt hat. Ausserdem hat Sp. in dieser Lehre, die die Leidenschaften als gesetzmässige Folgen aus der menschlichen Natur von den ethischen, nach ihm auf der Vernunft beruhenden Triebfedern und Maximen streng trennte, am deutlichsten gezeigt, was zu jedem dieser Faktoren, in denen der Dualismus im Menschen besteht, gehört und was aus jedem von ihnen folgt. Es soll auch durch diese Darstellung das Band, welches alle am Ende des dritten Theiles der Ethik angeführten Definitionen zusammenhält, gezeigt und der Grund klargelegt werden, warum Sp. daselbst die Reihenfolge und die Zahl der von Descartes behandelten Leidenschaften verlässt und neue Namen aufnimmt.

Doch hat Sp. keinesfalls dieses Gebiet erschöpft. Die Psychologie der Gemüthserregungen hat vielmehr seit Kant, der die Gefühle und Begierden classificirte und an Affekt und Leidenschaft besondere Begriffe knüpfte, und seit Herbart, der in den Sonderungen der Arten der Gefühle und Strebungen noch weiter ging und Neigungen, Stimmungen, Gemüthsbewegungen, bewusste und unbewusste Begierden von einander trennte und besonders behandelte, sich eines auf empirischem Wege gemachten Fortschritts zu erfreuen, während wir die Trennung und die Angabe der Arten bei Sp., für dessen Zweck die Kenntniss der allgemeinen Eigenschaften der Affekte genügte, noch fast gänzlich vermissen.

Jedoch hat sich diese Schrift weniger zur Aufgabe gemacht, einen kritischen Vergleich dieser Lehre mit den Resultaten der neusten psychologischen Forschungen anzustellen, als vielmehr eine richtige Auffassung und ein gründliches Verständniss der Spinozischen Theorie der Affekte zu erzielen und die positive Seite dieser Theorie hervorzuheben und zu würdigen. Bevor man einen Philosophen kritisch beurtheilt, muss derselbe gründlich verstanden werden. Und hat man nach langem Studium sich in das System desselben hineingedacht und seine grossen Gedanken erfasst, „so geräth man über dessen Weisheit in Erstaunen, eine Bewunderung, von der man sich nicht losreissen kann" und bei der der Muth vergeht, diese imponirende Grösse durch einen jüngern Glanz zu verdunkeln. Ueberdies können wir mit Sp. sagen, dass das Falsche bloss auf einem Mangel beruht, und dass darum das Positive in dieser Lehre — das zu zeigen ich mich bestrebte — durch die Gegenwart des Wahren nicht aufgehoben wird.

Was die Anerkennung dieser Lehre von Seiten der späteren Psychologen betrifft, so begnüge ich mich mit der Anführung der Urtheile, welche zwei in ihrem Fache berühmte Forscher über die Leistung Sp's. in seiner Affektenlehre gefällt haben. Der berühmte Physiolog Johannes Müller in seinem Werke Physiologie des Menschen (3. Auflage, B. II., S. 540) sagt, dass hinsichtlich der statischen Verhältnisse der Leidenschaften unter sich es nicht möglich sei, etwas Besseres zu leisten, als was Sp. mit unübertrefflicher Meisterschaft gelehrt habe. Und sollte uns das Urtheil dieses, wenn auch grossen, doch ausserhalb der Philosophie stehenden Physiologen nicht genügen (vergl. Drobisch: Empirische Psychologie S. 240), so können wir auch die Worte des scharfsinnigen Trendelnburg anführen, die fast dasselbe, was sein Berliner College, aussagen: „Bis jetzt, sagt er in seinen Beiträgen (II., S. 79), ist die einfache und bündige Weise nicht übertroffen, mit welcher Sp. im dritten Buche der Ethik aus dem blinden Grunde der Selbsterhaltung und der Ideenassociation die blinden Zustände und Strebungen der Seele ableitet. Im neuen Testament ist oft von dem natürlichen Menschen im Gegensatze gegen den geistigen die Rede. Was er sei, wird doch dem sittlichen Takt der eigenen Erfahrung überlassen. Sp. hat, wie man behaupten darf, dies Naturgesetz des natürlichen Menschen in seiner Entstehung und der furchtbaren Gewalt seiner vielgestaltigen Formen enthüllt und entwickelt."

Einleitung.

„Alle menschlichen Gemüthszustände, wie Liebe, Hass, Neid, Ehrgeiz, Zorn, Mitleid u. s. w. sind keine Fehler der menschlichen Natur, sondern deren Eigenthümlichkeiten, welche ihr ebenso nothwendig zukommen, wie der Luft Hitze, Kälte, Sturm und Donner, welche so lästig sie bisweilen sein mögen, doch nothwendige und feste Ursachen haben."[1]) Diese Nothwendigkeit der menschlichen Erregungen, Gefühle und Bestrebungen darzulegen, ist die Aufgabe, welche Spinoza sich in seiner Theorie der menschlichen Affekte gestellt und auch glücklich gelöst hat[2]).

---

1) Humanos affectus, ut sunt amor, odium, ira etc. non ut humanae naturae vitia, sed ut proprietates contemplatus sum, quae ad ipsam ita pertinent, ut ad naturam aëris aestus, frigus, tonitru et alia hujus modi etc. Tract. polit. cap. 1, § 4.

2) Die Theorie der Affekte (unter welchen aber nicht die Affektionen der Substanz, wie Verstand, Wille, Vorstellung, die mit dem dritten Grundbegriffe des Spinozistischen Systems, dem Modus gleichbedeutend sind und von denen schon im zweiten Theile gehandelt wird, sondern nur die Affekte des Körpers und der Seele verstanden werden, vergl. Eth. pars I. definitio 5, prop. 25, coroll., prop. 31, pars II., axiom. 3) hat Sp. in dem dritten Theile seines Hauptwerkes, der Ethik niedergelegt. Dieser Theil, der die Ueberschrift: De origine et natura affectuum trägt, bildet jedenfalls ein nothwendiges Glied und eine Consequenz des Systems, da er auf der Lehre der reinen Causalität, des Determinismus beruht und da Sp. das Gesetz des in suo esse perseverare, aus welchem er alle Affekte ableitet, durch coroll. zu prop. 25, pars I. beweist, wonach die einzelnen Dinge die Modi sind, die Attribute Gottes auf eine gewisse und bestimmte Weise ausdrücken. Auch sagt Sp. in einigen Stellen, dass er bei der Behandlung der Affekte den Zweck verfolge, die Natur und Kraft der Affekte und die Macht der Seele über sie zu untersuchen. Die desfallsigen Resultate indessen werden erst in dem vierten und dem fünften Theile der Ethik erzielt. Der erstgenannte handelt von dem ethischen Werth der Affekte, ob sie gut sind oder nicht und von der Knechtschaft des Menschen, und es wird darin gezeigt, dass der Mensch, ein Theil der Natur, deren allgemeinen Ordnung folgt, dadurch Veränderungen erleidet und den Leidenschaften ausgesetzt ist. Der fünfte Theil erörtert die menschliche Freiheit, indem darin die Mittel angegeben werden, durch welche die Seele die Affekte mässigen und hemmen kann, nämlich durch die Bildung einer bestimmten und klaren Vorstellung von den einzelnen Affekten, durch die Trennung des Affektes von der ihn als Ursache begleitenden Vorstellung u. s. w. (V. prop. 20 chol.) und gipfelt in der geisti-

Die menschlichen Affekte verdienen nicht getadelt und verspottet zu werden, wie es gemeinhin der Fall ist, sondern müssen betrachtet, erklärt und auf ein Princip zurückgeführt werden. Es soll also bewiesen werden, dass der Mensch aus freiem Entschlusse der Seele weder liebt, noch hasst, weder bemitleidet, noch beneidet, sondern dass die Menschen mit Nothwendigkeit ihren Gemüthszuständen unterworfen und so beschaffen sind, dass sie die Glücklichen beneiden und die Elenden bemitleiden. Nur selten von dem Lichte der Vernunft beleuchtet, das ihnen allerdings die Nützlichkeit und Unentbehrlichkeit ihrer Nebenmenschen zeigen könnte, empfinden sie nur den momentanen Schaden, den sie von diesen erfahren und sind darum eher zur Rache als zur Barmherzigkeit, eher zum Hasse als zur Liebe geneigt.[3]) Denn die Menschen werden in ihren Erregungen und Auffwallungen wie die Wellen vom Winde und der Stein durch den Stoss, so durch Eindrücke und Reize getrieben und gejagt, ohne in ihrem blinden Streben nach Selbsterhaltung und grösserer Vollkommenheit ihres Erfolges und Schicksals kundig zu sein.[4]) Auch soll dargethan werden, dass sie oft von entgegengesetzten Ursachen getrieben, zwischen Furcht und Hoffnung, Neigung und Widerwillen, Sicherheit und Verzweiflung schwanken und das Gleichgewicht nicht erringen können. Daher wechseln Sehnsucht und Ueberdruss, Genuss und Ekel, Rache und Gewissensbisse im Gemüthe des Menschen, je nachdem er bedürftig oder überfüllt ist, trübe oder heiter in die Zukunft schaut und je nachdem die Aussenwelt in ihm Lust-

---

gen Liebe zu Gott (amor dei intellectualis), die auf der im dritten Theile gegebenen Definition der Liebe beruht. (V. prop. 32. coroll.) In dem dritten Theile hingegen beschränkt sich Sp. fast auf eine psychologische Betrachtung der Affekte und verfolgt darin den von uns im Vorworte angegebenen Zweck. Im Uebrigen kann hier bemerkt werden, dass die Spinozistische Identificirung beider Attribute und die daraus folgende Leugnung der Wechselwirkung von Geist und Materie von keinem besondern Einfluss auf diese Theorie war. Das Zusammentreffen des Menschen mit andern Körpern, die mit ihm übereinstimmen oder ihm entgegengesetzt sind, wodurch sein Körper afficirt wird, hat ebenso gut nach Sp. vermöge des Parallelismus eine entsprechende seelische Erregung zur Folge, wie es nach der Lehre der Wechselwirkung in der Seele eine mittelbare Erregung erzeugt, wie überhaupt die Gesetze der Succession und der Ideenassociation nach beiden Lehren dieselben bleiben.

3) Homines necessario affectibus esse obnoxios et ita constitutos esse, ut eorum, quibus male est, misereantur et quibus bene est, invideant et ut ad vindictam magis, quam ad misericordiam sint proni etc. Tr. pol. cap. 1, § 5.

4) Nos a causis externis multis modis agitari nospue, perinde ut maris undae a contrariis ventis agitatae, fluctuare, nostri eventus atque fati inscios. Ethices pars III. prop. 59. schol.

oder Unlustgefühle erweckt. In allen Fällen aber — das ist Spinoza's Ueberzeugung — geschieht in der Natur Nichts, was ihr als ein Fehler zugeschrieben werden kann[5]) und die Erregungen der Seele, unbeschadet des Umstandes, dass die Vernunft, die nur auf das Nützliche und Schädliche für den Menschen absieht, sie in den Menschen fördernde oder ihn störende theilt, folgen nothwendig aus den Gesetzen und der ewigen Ordnung der ganzen Natur. Alles aber, was uns in der Natur lächerlich, verkehrt und schlecht erscheint, kommt nur davon, dass wir die Dinge nur partiell kennen, die Ordnung und der Zusammenhang der ganzen Natur aber uns grösstentheils unbekannt ist[6]). Will man daher das Wesen und die allgemeinen Gesetze der Affekte erkennen, so kann man von dem Urtheile der dem Menschen eigenthümlichen Vernunft über deren Vortheile und Nachtheile abstrahiren und es muss das Princip entdeckt werden, aus dem alle möglichen Affektionen abgeleitet werden und folgen müssen. Es muss eine Naturlehre der Affekte aufgestellt werden, in welcher die menschlichen Handlungen und Begierden ebenso behandelt werden, wie wenn es sich um Linien, Flächen und Körper handelte, in welcher also die bestimmten Regeln angegeben und entwickelt werden, nach denen die Ursachen unser Gemüth so normal, wie Klänge der Musik und deren Harmonie auf eine bestimmte Weise unser Ohr afficiren. Denn so wenig es von unserem freien Entschlusse abhängt, über die Harmonie oder Disharmonie der musikalischen Töne zu urtheilen, so wenig steht es auch in unserer Macht, diesen oder jenen Menschen zu beneiden oder zu bemitleiden und uns über die Abwesenheit des Einen zu freuen und des Anderen zu betrüben.

Freilich war Sp. nicht der Erste, der die Affekte einer eingehenden systematischen Behandlung unterzog und deren Natur zu erkennen strebte, und Sp. selbst erkennt an, dass er den Vorarbeiten des Descartes auf diesem Gebiete Vieles zu verdanken habe[7]). Allein das grosse Verdienst der Spinozistischen Lehre über die Affekte tritt erst dann

---

5) Nihil in natura fit, quod ipsius vitio possit tribui. ibid. praefatio.
6) Quicquid ergo nobis in natura ridiculum, absurdum aut malum videtur, id inde venit, quod res tantum ex parte novimus, totiusque naturae ordinem et cohaerentiam maxima ex parte ignoramus. Tract. theol. polit. cap. 16. 9.
7) Eth. ibid.

klar zu Tage und kann erst dann vollständig erkannt und
gebührend gewürdigt werden, wenn man ihr die Lehre
des Descartes entgegenhält und die zwischen beiden herrschenden Differenzen scharf ins Auge fasst. Bei einem
solchen Vergleiche sieht man vor Allem, dass während
Spinoza nur drei primitive und einfache Affekte anerkennt,
jener deren sechs annimmt und dass die Liebe nach ihm
eine eigenthümliche, ursprüngliche Leidenschaft ist, die
weder Lust und Unlust, noch ein Begehren enthält[8]). Diese
falsche, auf dem Mangel an einer tiefern Erkenntniss der
Ursache und des Wesens der Gemüthszustände beruhende
Annahme ist die Hauptursache, weshalb die einzelnen Definitionen des Descartes den eigentlichen Kern jeder besonderen Leidenschaft nicht treffen und uns meist unbe-
friedigt lassen. Es herrscht bei Descartes wegen des
Mangels an gründlicher Erforschung der Natur der einfachen und ursprünglichen Seelenzustände und ihrer mannig-
faltigen Verknüpfung mit einander und mit den sie verursachenden Vorstellungen eine häufige Vermengung der
Lustgefühle mit den ihnen zu Grunde liegenden oder erst
aus ihnen entspringenden Begierden. Gefühle und Begierden können in so fern in einem Affekte enthalten sein,
als sie einander gewöhnlich folgen, so dass, wenn das eine
als Elementarzustand der Seele auftritt, das andere aus
ihm als Folgezustand hervorgeht. Die Folgen einer Sache
dürfen aber nicht als das Wesen der Sache definirt
werden.

Auch fehlt noch bei Descartes die strenge Sonderung
eines Gemüthszustandes als blosser Erregung von dem
Urtheile, das Vernunft, Moral und Gewohnheit daran geknüpft, und das ethische Moment und der sittliche Werth
schien dem Descar. noch zu sehr zu der Definition einer
Leidenschaft zu gehören, als dass er gänzlich davon hätte
abstrahiren und nur auf deren Natur und Qualität hätte
Rücksicht nehmen können, eine Verschmelzung des Guten
und des Schlechten einer Sache mit der Sache selber,
welche deren wahre Natur und wahres Wesen unklar
lässt. Bei Sp. dagegen wird das sittliche Moment von
dem Eigentlichen der Affekte aufs Strengste ferngehalten,

---

[8]) Passiones animae art. 69. 80.

und seine Definitionen beschränken sich lediglich darauf, das Wesen und die nächste Ursache der Affekte anzugeben.⁹)

Ich glaube daher behaupten zu dürfen, dass Descartes die Gestalten und Formen der menschlichen Erregungen so dargestellt hat, wie sie gewöhnlich im Gemüthe auftreten und sich der Selbstbeobachtung bieten, ohne dabei deren Ursachen, Wesen und Eigenthümlichkeiten zu erforschen und von einander zu trennen, welche Trennung allein aber zu der wahren Erkenntniss der Dinge führt und für die Wissenschaft von höchstem Interesse ist. Wollen wir nämlich unsere Gemüthszustände so behandeln, wie wir sie in unserem Gemüthe beobachten, so können wir nicht umhin, die Lustgefühle mit den Begierden und mit deren Eigenthümlichkeiten und Folgen zu vermischen, wie es bei Descart. zum grossen Theile geschieht. Alles dieses folgt ja in der Seele so sehr auf einander und fliesst darum so sehr in einander, dass es dem Beobachter als ein Complex von zusammengehörigen Erregungen erscheint, bei dem ein Früheres und Späteres, ein Ursprüngliches und Abgeleitetes, ein Einfaches und Zusammengesetztes schlechthin unerkennbar ist. Es liegen daher dem Selbstbeobachter fast unüberwindliche Schwierigkeiten im Wege, die ihn hindern, zu den einfachen, von einander gesonderten und von allen Nebenumständen gereinigten Elementen zu gelangen. So fühlt man z. B. im Zustande der Hoffnung nicht nur Furcht, sondern auch ein Wünschen und Begehren, welche so auf einander unmittelbar folgen, dass man sie zugleich zu fühlen glaubt. Und wollte man diesen aus verschiedenen Momenten zusammengesetzten Seelenzustand, den wir durch Hoffnung ausdrücken, so definiren, wie er in unserem Gemüthe statthat, so könnte

---

9) In dem neu entdeckten Traktate, wo Sp. dieselben Leidenschaften behandelt, welche Desc. zu erklären suchte, ist Sp. bei jeder Definition derselben hauptsächlich darum zu thun, die Erkenntnissquelle anzugeben, aus der die einzelnen Affekte entspringen und zu betrachten, ob sie gut sind oder nicht. Und obwohl er bei diesen Betrachtungen die Leidenschaften als blosse Erregungen definirt, so fehlt diesen Definitionen die Präcision und die strenge Sonderung der Gefühle von den Begierden, wie wir sie im dritten Theile der Ethik finden. Dieser Traktat trägt daher sehr wenig zum Verständnisse der Affektenlehre Spinoza's bei, und zwar um so weniger, als seine damalige Abhängigkeit von Descar. gerade in dieser Lehre sehr hervortritt und als diese Schrift überhaupt eine vorherrschend ethische Tendenz hat. Vergl. Sigwart: Spinoza's neu entdeckter Traktat, S. 97.

man nie eine richtige und befriedigende Definition dieses Zustandes geben, und zwar nicht nur aus dem eben angeführten Grunde, weil man dabei einen ganzen Complex von Gefühlen wiedergeben und beschreiben müsste, sondern auch deshalb, weil jeder Mensch je nach der Verschiedenheit seines Naturells, seiner Umgebung und seiner gegenwärtigen Umstände immer etwas Anderes in einem solchen Zustande fühlt. So wie an das Wort Pferd beim Landmann die Vorstellung des Ackers und Getreides, bei dem Krieger des Schlachtfeldes und der Waffen sich knüpft, ist auch bei jedem Einzelnen mit dem Worte Hoffnung Verschiedenes verbunden. Die Hoffnung des Gefangenen ist mit den Schrecknissen des Todes und der Sehnsucht nach Freiheit vereinigt, während die des Liebenden mit ganz anderen Erregungen verbunden ist. Das Gleiche bemerkt man bei allen anderen Gemüthszuständen, wo wegen des gleichzeitigen Auftretens vieler Erregungen eine Vermischung und Verwickelung unausbleiblich ist. Es ist daher meines Erachtens, eine strenge Definition eines Gefühls oder eines Begehrens durch Sonderung und Ausscheidung des Unwesentlichen und Nebensächlichen schlechthin unmöglich, da nicht abzusehen ist, welche Zustände zu den Bestandtheilen und Merkmalen, also zum Wesentlichen dieses oder jenes Gefühls oder Begehrens, und welche zu dessen Unwesentlichen und Zufälligen zu rechnen. So ist wirklich nicht herauszufinden, was zum Wesen unseres Begriffs des Neides gehört, die Traurigkeit über die Lust des Beneideten, die Begierde nach dem Gegenstande, den Jemand besitzt, oder der Wunsch, dass ihn sein Besitzer verliere, oder alle diese Affekte zusammen? Die gewöhnlichen Regeln der Logik für die Bildung eines Begriffs und dessen Definition haben meines Erachtens nur bei concreten oder solchen Dingen Geltung und Anwendung, wo wir durch das trennende Denken zu den allgemeinen Merkmalen der einzelnen Gegenstände gelangen, welche wir dann, da die Gegenstände uns dabei als Kriterium der Richtigkeit der Definitionen dienen, durch jene Merkmale definiren können[10]). Bei den Gemüthszuständen

---

[10]) Aehnlich sagt Kant von den empirischen Begriffen, die nach ihm nicht definirt, sondern nur explicirt werden können. Im Begriffe vom Golde, sagt er, kann der Eine sich mehr, der Andere weniger Merkmale

hingegen fehlt uns ein solches Regulativ, und wir können nicht wissen, von welchen Zuständen wir abstrahiren und welche wir als allgemeine und begriffliche beibehalten sollen. Es muss uns daher nicht Wunder nehmen, wenn Desc. bei dieser Methode mehr eine **Beschreibung** als eine **Lehre** der Gemüthsbewegungen geliefert hat. Er hat bei jedem Namen der Leidenschaften fast Alles aufzuzählen und zu beschreiben, was man gewöhnlich dabei fühlt, wünscht und begehrt und deren Vortheile und Nachtheile anzugeben gesucht. Es fehlen aber die nächsten Ursachen, die Principien, die Ableitungen und Zusammensetzungen der einfachen Leidenschaften, um deren genauere Erforschung und Angabe allein der Wissenschaft zu thun ist. Der gewöhnliche Mensch fühlt sich von einer solchen Beschreibung der Leidenschaften befriedigt, weil er darin das Meiste wiedergegeben findet, was in seinem Gemüthe bei jeder Gemüthsbewegung vorgeht. Nicht so aber die Wissenschaft, die die Ursachen, das Wesen und die Natur der Dinge zu ergründen hat.

Will man aber eine Lehre der Affekte aufstellen und die einzelnen Affekte ihrem Wesen nach bestimmen, so muss man von deren Namen und von den Gemüthsbewegungen, welche an diese Namen geknüpft sind und welche sie in uns erwecken, absehen und von den einfachen Affekten ausgehen, um aus diesen die zusammengesetzten und complicirten ableiten zu können. Und da wir in unserem Gemüthe keine einfachen Affekte, sondern nur zusammengesetzte und complicirte antreffen, so können die Selbstbeobachtung und die Erfahrung nicht die einzige Quelle sein, aus der diese Lehre geschöpft werden soll. Denn ohne die Kenntniss der einfachen Affekte erlangt zu haben, können wir sie auch nicht durch Trennung und Zerlegung eines Complexes von zusammengehörigen Erregungen in seine Elemente gewinnen, wie oben bereits erwähnt ist.

---

denken. Auch die Begriffe a priori können nicht definirt werden. Denn man kann niemals sicher sein, dass die deutliche Vorstellung eines gegebenen Begriffes ausführlich entwickelt worden, als wenn man weiss, dass dieselbe dem Gegenstande adäquat sei. Die Begriffe der Affekte sind aber nach meiner Ansicht von Sp. willkürlich gebildet, von welchen auch Kant sagt, dass sie definirt werden können, indem man doch wissen muss, was man dabei dachte, da sie vorsätzlich gebildet worden. Vergl. Kritik der reinen Vernunft, Abschnitt der Disciplin der reinen Vernunft im dogmatischen Gebrauche.

Nicht so wie der Chemiker einen Körper in seine Grundstoffe zerlegt und dadurch die Kenntniss und die Zahl der Elemente, aus denen der Körper besteht, gewinnt, kann der Psycholog einen Complex von Affekten auflösen und zu den einfachen Erregungen gelangen, indem diese meistentheils so in einander verschlungen und mit einander verwachsen sind, dass ein Auflösungsprocess gar nicht statthaft ist. Es müssen daher die Elemente der Affekte auf einem anderen Wege erkannt werden, um sie dann den wirklich vorhandenen Affekten anzupassen und diese zu prüfen, wie weit sie aus jenen zusammengesetzt sind.

Nach dieser Methode verfuhr Sp. in seiner Behandlung der Affekte und nur auf diesem Wege gelangte er zu der Kenntniss von deren Natur, Zusammensetzung, Vermischung und Verwickelung, in welcher Form sie im Gemüthe beobachtet werden. Sp. hat nicht die gegebenen Begriffe der Affekte behandelt und sie dem Sprachgebrauche gemäss analysirt, sondern er ging von seinen entdeckten einfachen Affekten aus, betrachtete ihre Folgen, welche er ihnen als Eigenschaften zuschrieb, setzte sie dann auf jede mögliche Weise zusammen, verknüpfte sie mit einander und bildete auf diese Weise Complexe von Affekten, welchen er die im Sprachgebrauche vorhandenen Namen anzubequemen suchte[11]). Sp. nahm auf den Sprachgebrauch nur in sofern Rücksicht, als er in seiner Bildung der Begriffe nur so weit vorging, als der Sprachgebrauch dazu Namen, mit denen er seine Begriffe benannte, lieferte, wie sich weiter unten zeigen wird.

Es ist nur die Frage, wie gelangte Sp. zu der Kenntniss der einfachen Affekte, da sie doch, wie oben erwähnt, im Gemüth nie in dieser einfachen Form auftreten und durch Analysiren nicht gewonnen werden können? Darauf kann als Antwort dienen, dass wenn man den Ursprung einer Sache und deren nächste Ursache gefunden, man dann auch die Sache selbst in ihrer Ursprünglichkeit und Einfachheit erkennt[12]).

---

11) Sed meum institutum non est, verborum significationem, sed rerum naturam explicare easque iis vocabulis indicare, quorum significatio, quam ex usu habent, a significatione, qua eadem usurpare volo, non omnino abhorret, quod semel monuisse sufficiat. Affect. def. 20 explic.
12) Si vero res non sit in se, sed requirat causam, ut existat, tum per proximam suam causam debet intelligi. De intellect. emendatione tract. 92.

Es musste daher der Ursprung der Affekte gefunden werden, aus dem sie ohne alle Beimischung und Zusammensetzung hervorgehen.

Diesen Ursprung entdeckte Sp. in dem den Dingen inhärirenden Streben, im Sein zu verharren, sich ihretwegen und nicht eines anderen wegen zu erhalten, welches Streben gewöhnlich der Erhaltungstrieb genannt wird[13]). Dieser Trieb ist nach Sp. das wirkliche Wesen eines jeden Dinges, aus welchem auch das Streben nach grösserer Realität, Machtvollkommenheit folgt. Unser Zusammentreffen mit den äusseren Dingen, deren Natur und Verfassung mit der unsrigen entweder übereinstimmen oder ihr widerstreben, kann unserem Streben zusagen oder widersprechen, es stützen oder hemmen. Diese Stütze oder dieses Hemmniss, das uns von den Dingen widerfährt, je nachdem nämlich deren Natur und Bestrebungen mit den unsrigen im Einklange oder im Streite sind, erregt in uns ein entsprechendes Gefühl, welches im ersteren Falle Fröhlichkeit, im anderen Traurigkeit genannt wird.

Auf diesem Wege gelangte Sp. zu der Erkenntniss der ursprünglichen und einfachen Gefühle, welche, für sich allein und ohne Bezug auf die Vorstellung, die sie verursachte und von der sie gewöhnlich begleitet sind, betrachtet, rein und ohne alle Beimischung sind. Dieser Gefühle, da sie nur die Förderung oder die Störung unseres Strebens betreffen, kann es nur zwei Arten geben, da die Vorstellungen von Objekten uns nur dann erregen, wenn sie unserem Streben beipflichten oder widerstreiten, sofern sie aber unser Streben gar nicht berühren, in uns gar keine Gefühle erwecken.

---

13) Das Streben nach Selbsterhaltung stellt Sp. zwar in der Form eines Lehrsatzes und nicht eines Axioms auf; die ganze Affektenlehre beruht aber lediglich auf diesem Princip und auf dem Satze, dass der menschliche Körper auf viele Weise erregt werden kann, wodurch dessen Macht vermehrt oder vermindert wird, welchen letztern Sp. als einen Heischesatz hinstellt. Eth. III., postulata 1. prop. 6. auch Tract. theol. polit. cap. 16. 4, lex summa naturae est, ut unaquaeque res in suo statu. quantum in se est, conetur perseverare. In der Ethik p. IV., p. 4 sagt Sp.: „Potentia, qua res singulares et consequenter homo suum esse conservant, est ipsa dei sive naturae potentia", und in seinem kurzen Traktat I. cap. 5 nennt Sp. dieses in der ganzen Natur und in allen besonderen Dingen herrschende Streben die Vorsehung Gottes und erklärt es aus der Liebe zum erkannten Gegenstande, da der eigene Körper das erste Objekt der Erkenntniss ist. Uebrigens haben bekanntlich schon die Stoiker von einem ursprünglichen Lebenstrieb, der auf Selbsterhaltung geht, gesprochen, und Desc. princip. philos. II. 37 stellte als prima lex naturae auf, quod unaquaeque res, quantum in se est, etc. Vergl. Trendelenburg Beiträge II. S. 82.

Ausser diesen beiden genannten Affekten, welche Lust- oder Unlustgefühle genannt werden, folgt aus unserem natürlichen Streben noch ein Affekt, welcher Begierde heisst, insofern der Mensch durch die Gegenwart eines Gegenstandes oder dessen Vorstellung zu einer Handlung bestimmt und angetrieben wird. Diesem ursprünglichen und reinen Begehren liegt noch keine zu erlangende Lust oder zu fliehende Unlust zu Grunde, indem dieses Begehren nicht aus Ueberlegung oder freiem Entschlusse der Seele, sondern gleichsam mechanisch und blind, so wie das Begehren des Kindes nach der Milch und das Sprechen eines Betrunkenen, aus der allgemeinen Ordnung der Natur folgt.

Aus den abgeleiteten Folgen dieser drei ursprünglichen und einfachen Affekte, wie aus deren Verwickelung und Verbindung mit einander bildet Sp. die anderen Begriffe der menschlichen Affekte, welche synthetisch gebildeten Begriffe er freiwillig mit den gegebenen Namen der Affekte benennt, unbekümmert, ob diese Namen im gewöhnlichen Sprachgebrauche Dasselbe bezeichnen oder nicht.

Freilich konnte Sp. nach dieser Methode eine solche Zahl von complicirten Affekten bilden, welche die der gewöhnlich auftretenden übersteigt, da doch die Affekte auf so viele Arten sich mit einander verbinden lassen und daraus eine so grosse Mannigfaltigkeit entstehen kann, „dass man eine Zahl dafür nicht angeben kann". Auch sagt Sp., dass, wenn man in der Verbindung der Affekte fortschreite, man jeden Affekt mit jedem beliebigen, wie die Liebe mit der Reue, mit der Geringschätzung u. s. w. oder die Hoffnung, die Sicherheit und den Hass u. s. w. mit der Bewunderung und mit der Verachtung verbinden und daraus neue Affekte ableiten könne. Ja, es giebt eigentlich nach Sp. so viel Arten eines jeden Affektes, als es Arten von Gegenständen giebt, von denen man erregt und auf die sie bezogen werden, da doch jede Erregung auch die Natur des Gegenstandes, der uns erregt, einschliesst und ausdrückt[14]). Allein die vorhandenen ge-

---

14) Nam eadem via, qua supra, procedendo facile possumus ostendere amorem esse junctum poenitentiae, dedignationi, pudori etc. affectus tot modis, alios cum aliis, posse componi, indeque tot variationes oriri, ut nullo numero definiri queant. Eth. III. prop. 59. schol.

bräuchlichen Worte reichen nicht aus, alle möglichen Verbindungen und Ableitungen der Affekte zu bezeichnen. Denn die Namen der Affekte sind mehr nach ihrem gewöhnlichen Gebrauche, d. h. für solche, die gewöhnlich auftreten, als nach ihrer genauen Kenntniss gebildet worden[15]), wie auch Desc. schon bemerkt hat. Sp. begnügt sich daher, mit der Bildung der Begriffe nur so weit vorzugehen, als für deren Bezeichnung ziemlich entsprechende Namen im Umlauf sind, und als es zu seinem Zwecke, die Kraft der Affekte und die Macht der Seele über sie zu bestimmen, erforderlich ist[16]).

Aus dem Vorangehenden ist zu ersehen, dass die von Sp. gegebenen Definitionen der Affekte nicht dadurch anzugreifen seien, dass sie den im Bewusstsein gegebenen Begriff nicht hinreichend wiedergeben, oder dass er mit den Worten etwas Anderes bezeichne. Denn darin liegt ja der charakteristische Unterschied zwischen der Spinozischen und Cartesischen Behandlung der Sache, dass letzterer (Desc.) vornehmlich eine Beschreibung der Leidenschaften, wie sie im menschlichen Gemüthe auftreten, gab und die Bedeutung der gegebenen Begriffe und herrschenden Worte zu bestimmen und zu erläutern suchte, während Sp. die Natur der Dinge zu erkennen und die Erregungen der Seele aus ihrem Ursprung und ihren nächsten Ursachen herzuleiten bestrebt war. Wenn daher Sp. den Namen eines Affekts, z. B. der Liebe, definirt, so bestimmt er nicht den gegebenen, sondern seinen gebildeten Begriff, den er mit dem Worte Liebe deshalb bezeichnet, weil dieses Wort gewöhnlich eine ähnliche Bedeutung hat.

Was endlich die Hauptdifferenzen zwischen den einzelnen Definitionen dieser beiden Philosophen betrifft, so wird bei der Behandlung der einzelnen Affekte darauf, wie auch, wie weit die von Sp. den Worten beigelegte Bedeutung von der gewöhnlichen abweicht, hingewiesen werden.

---

15) Affectum nomina inventa esse magis ex eorum vulgari usu, quam ex eorundam accurata cognitione. ibid. 52 schol. Vergl. auch ib. affect. def. 31 explic. Auch Plato sagte, dass die Betrachtung der Worte zur Erfassung des Wesens der Dinge deshalb nicht diene, weil die Sprachbildner das wahrhafte Wesen nicht genügend erkannt haben, sondern bei der volksthümlichen Ansicht stehen geblieben.
16) Ibid. prop. 56.

Die ersten Ursachen der Affekte.

Descartes stellt im zweiten Theile seiner Schrift Passiones animae den Entschluss der Seele, sich einen bestimmten Gegenstand vorzustellen, als eine der Ursachen für die Leidenschaften hin[1]). Unter diesem Entschlusse zum Vorstellen eines bestimmten Gegenstandes nun ist nicht die Betrachtung eines sinnlichen Gegenstandes zu verstehen, da Desc. an derselben Stelle die sinnlichen Gegenstände als eine besondere Ursache angiebt. Es wird vielmehr darunter das bildliche Vorstellen der Seele zu verstehen sein, wobei entweder von der Vorstellung eines nicht vorhandenen Gegenstandes oder der Erinnerung bereits gehabter Vorstellungen die Rede sein kann. Diese beiden Arten des Vorstellens sind nach Desc. von der freien Thätigkeit der Seele abhängig, da er sowohl von dem willkürlichen Vorstellen eines nicht vorhandenen Gegenstandes, als von der freien Reproduction der Seele spricht[2]). Jedoch scheint der Ausdruck „bestimmten Gegenstandes" eher die Reproduction, als die Imagination oder die Einbildung, wo der vorzustellende Gegenstand noch nicht bestimmt ist, zu enthalten. Es wird also darunter eine solche Leidenschaft zu verstehen sein, die in der Seele durch freie Reproduction hervorgerufen wird. Nach Sp. hingegen kann weder die Imagination im obigen Sinne, noch die freie Reproduction, also die freie Thätigkeit der Seele als eine Ursache der Affekte angesehen werden, da er der Seele jede freie Bewegung, sich Vorstellungen zu bilden oder bereits gehabte zu reproduciren, abspricht. Was nämlich das erstere betrifft, so sagt Sp. bekanntlich, dass die Ordnung und Verbindung der Vorstellungen gleich ist der

---

1) Quamvis autem quandoque possint effici ab actione animae se determinantis ad haec vel illa objecta concipienda etc. Passiones animae art. 51.
2) Cum anima nostra sese applicat ad imaginandum aliquid, quod non est. ibid. art. 20. Sic cum anima vult recordari alicujus rei. ibid. art. 42 und in noch anderen Stellen.

Ordnung und der Verbindung der Körper³), was uns lehren kann, dass es nicht von dem freien Entschlusse der Seele abhängt und in deren Macht steht, in die Ordnung der Vorstellungen einzugreifen. Ferner sagt Sp., dass das Vermögen des bildlichen Vorstellens kein freies Vermögen der Seele⁴) und dass der Irrthum daher möglich ist, dass die äusseren Ursachen nicht alle Vorstellungen, die mit einer Sache verbunden sind und sie genauer bestimmen, sondern nur einige in der Seele entstehen lassen, während die anderen, welche die anderweitigen Eigenschaften der Sache oder den Ausschluss von deren Existenz enthalten, dem Vorstellungskreise der Seele fehlen.

Auch hinsichtlich der Reproduction sagt Spinoza, dass die Seele nicht vermag, sich nach freier Willkür einer Sache zu erinnern oder sie zu vergessen⁵). Ferner sagt er, dass alle Gegenstände der Vorstellungen von der Seele als gegenwärtig percipirt werden, und dass die Seele nur dann wissen kann, dass das Object ihrer Vorstellung nicht gegenwärtig ist, wenn diese mit solchen Vorstellungen verknüpft ist, die ihren Gegenstand als zukünftig oder vergangen erscheinen lassen⁶). Sollte daher die Seele ohne eine äussere Erregung sich eines Gegenstandes frei entsinnen können, so müsste sie sich den Gegenstand als vergangen vorstellen, was doch nach Sp. nicht statthaft ist. Daraus ist zu ersehen, dass bei einer Reproduction in der Seele bereits eine Vorstellung sein muss, durch welche die Reihe der mit ihr verbundenen Vorstellungen wiedererzeugt und ins Bewusstsein gebracht wird. Dieser Process des Ablaufens der Vorstellungsreihe vollzieht sich ohne ein besonderes Zuthun der Seele, wie daraus zu erfahren ist, dass durch die Ideenassociation auch solche Vorstellungen in uns auftauchen, die wir gar nicht reproduciren wollten. Wenn wir uns aber auf Etwas besinnen wollen, so muss bereits das Etwas in unseren Gedanken vorhanden sein, — sonst wüssten wir ja nicht, was wir uns vorstellen und wessen wir uns entsinnen wollen — und es fehlen uns

---

3) Eth. II. prop. 7.
4) Ibid. 17 schol.
5) In libera mentis potestate non est, rei alicujus recordari vel ejusdem oblivisci. ibid. III. prop. 2. schol.
6) Eth. II. prop. 17.

nur die Vorstellungen, mit denen dieses Etwas verbunden ist.[7]) Das willkürliche Vorstellen und die freie Reproduction eines Gegenstandes können demnach nach Sp. nicht als Ursachen der Affekte angesehen werden. Der Mensch kann sich nicht entschliessen, einen Gegenstand zu reproduciren, der in ihm einen gewissen Affekt erweckt hatte, obwohl die Vorstellung eines vergangenen Gegenstandes nach Sp. auch den gleichzeitigen Affekt wieder erzeugt[8]). Es bleiben mithin nach Sp. nur die Aussenwelt und die innere Gedankenwelt des Menschen, d. h. die Summe seiner Macht als die nächsten Ursachen der Affekte. Sp. theilt daher die Gefühle in zwei Gruppen ein, je nachdem die Aussenwelt oder die eigene Macht oder Ohnmacht die Vorstellungen sind, von denen die Gefühle begleitet werden[9]). Es ist aber zu bemerken, dass dabei nur von den nächsten Ursachen die Rede ist, d. h. von denen der Affekt immer begleitet wird. Die entfernten Ursachen dagegen werden nicht in Betracht gezogen; denn obgleich sie die eigentlichen Veranlassungen sind, dass die nächste Ursache einen Affekt erzeugt, so giebt nur diese dem Affekt seinen besondern Charakter und seine specielle Gestalt. So kann durch die Betrachtung der eigenen Macht oder Ohnmacht ohne die Vorstellung eines äusseren Dinges, das mehr oder

---

[7]) Wenn überhaupt von einer absichtlichen Besinnung gesprochen wird, (Arist. de memor. c. 1. Kant Anthropologie 32) so kann nur von dem Festhalten an einer Vorstellung, welche die mit ihr associirten zurückrufen soll, die Rede sein; denn die Vorstellung des zu erinnernden Gegenstandes muss doch, wie oben erwähnt, gegeben sein, wenn man sich auf die besonderen Umstände, Beziehungen und anderen Bestimmungen des Gegenstandes besinnen will. Wollen wir uns z. B. erinnern, was wir in einem bestimmten Werke gelesen haben, so muss die Vorstellung des Werkes uns gegenwärtig sein, an welcher festhaltend, wir uns auch die anderen mit dieser associirten unter Umständen vergegenwärtigen. Dieses Festhalten an einer Vorstellung, um die mit ihr verbundenen Reihe ablaufen zu lassen, hängt allenfalls von dem freien Entschlusse der Seele ab, wie auch die anderen Operationen der Vernunft, das Verbinden und Trennen u. s. w. Vergl. Physiol. des Menschen von Joh. Müller. 3. Aufl. B. III. S. 533. Vergl. Lotze: Medic. Psychol. S. 473. Auch Sp. spricht in dem fünften Theile seiner Ethik von einem Trennen der Vorstellungen von den Affekten und von einem Vorstellen der festen Grundsätze des Lebens als von in der Macht der Seele stehenden Thätigkeiten, welche Mittel und Rathschläge Sp's jedoch mit seinem System, wo der Seele jede freie Bewegung genommen wird, unverträglich sind und zu dessen Inconsequenzen zu zählen sind, und zwar umsomehr, als Sp. ep. 62 ausdrücklich sagt, dass man nicht mit einer absoluten Macht des Denkens denken und die Vernunft handhaben könne.

[8]) III. ibid. prop. 15.

[9]) Atque hi affectus laetitiae et tristitiae sunt, quos idea rei externae comitatur tanquam causa per se vel per accidens. Hinc ad alios transeo, quos idea rei internae comitatur tanquam causa. Affect. def. 24.

weniger Realität enthält, weder Traurigkeit, noch Fröhlichkeit erregt werden; denn nur durch das Vergleichen und die Beziehung der Dinge auf den gebildeten Begriff der Vollkommenheit können wir unsere Macht mehr oder weniger vollkommen finden[10]); das durch diese Betrachtung erregte Gefühl aber wird von dem Subjecte selbst als nächster Ursache begleitet sein.

Die anderen von Desc. angeführten Ursachen lassen sich auf eine, auf die sinnlichen Gegenstände reduciren. Denn sowohl die Zustände des Körpers, als die Eindrücke, die zufällig im Gehirn auf einander treffen, welche derselbe als besondere Ursachen aufzählt, haben die sinnlichen Gegenstände zur Ursache, welche letztere auch Desc. als die hauptsächlichsten Ursachen angiebt.

Alle Menschen stimmen in Einigem mit einander überein und können in Anderem einander entgegengesetzt sein.

Nicht alle Gegenstände aber können in uns Affekte erregen. „Die Dinge, deren Natur von der unsrigen durchaus verschieden ist, können unsere Macht, sagt Spinoza, weder unterstützen, noch hindern"[1]). Sp. versteht aber unter Natur eines Dinges nicht das Allgemeine in ihm, welches allen Dingen gemeinsam ist, da doch alle Dinge die Auffassung eines und desselben Attributes enthalten und der Ruhe oder Bewegung theilhaftig sind[2]) und demnach von einander nicht gänzlich verschieden sein können. Sp. versteht vielmehr darunter das specielle Wesen eines Dinges, von dem er ausdrücklich sagt, dass nicht das allen Dingen Gemeinsame das besondere Wesen eines Indivi-

---

10) Eth. IV. praefatio.
1) Res quaecunque singularis, cujus natura a nostra prorsus est diversa, nostram agendi potentiam nec juvare nec coërcere potest. IV. prop. 29.
2) In his enim omnia corpora conveniunt, quod unius ejusdemque attributi conceptum involvunt etc. II. lemma 2. demonstr.

duums ausmacht³). Da aber das Streben zum eigentlichen Wesen der Dinge gehört, so unterscheiden sich die Dinge hinsichtlich ihres besondern Strebens, das ihnen eigenthümlich ist. So sind die Thiere, deren Streben mit dem menschlichen sich nicht kreuzt, und die demnach mit uns nicht in Conflict gerathen können, in ihrer Natur von der unsrigen durchaus verschieden und werden unserer Selbsterhaltung weder nützen, noch schaden. Solche Dinge sind uns nicht entgegengesetzt (contrariae), sondern von uns verschieden (diversae). Dagegen können die Dinge, deren Natur nicht verschieden ist, also die Menschen, mit einander übereinstimmen oder einander entgegengesetzt sein. Uebereinstimmen, sofern ihr Streben dasselbe ist, entgegengesetzt, sofern sie einander Uebeles zufügen können⁴). So können die Menschen nicht allein deshalb einander entgegengesetzt sein, weil der eine das liebt, was der andere hasst, sondern auch durch die Vereinigung ihrer Liebe für einen und denselben Gegenstand, welcher wegen seiner verschiedenen Beziehung zu ihnen diesem Traurigkeit, jenem Fröhlichkeit bereiten kann. Sp. stellt daher den Lehrsatz auf: „So weit die Menschen von Leidenschaften erfasst sind, können sie einander entgegengesetzt sein"⁵). Denn da die Menschen ein gemeinsames Streben haben, kann es leicht kommen, dass mehrere von ihnen auf eine und dieselbe Sache ihr Streben richten, wodurch sie in Streit gerathen und einander lästig und schädlich werden können. Ja, derselbe Mensch ist, sofern er den äusseren Reizen ausgesetzt und den Leidenschaften unterworfen ist, veränderlich und unbeständig⁶). Er kann heute das lieben, was er gestern gehasst, jetzt den beneiden, den er früher bemitleidet hat.

Es werden daher nicht alle Menschen von derselben Ursache auf dieselbe Weise erregt, sondern die einzelne Erregung hängt auch von der besondern Natur eines jeden

---

3) Id. quod omnibus commune, quodque etc. nullius rei singularis essentiam constituit. ib. prop. 37.
4) Res eatenus contrariae sunt naturae, quatenus una alteram potest destruere. III. prop. 5.
5) IV. prop. 34. Auch sagt Sp.: (ib. 9.) „Nichts kann mehr mit der Natur eines Dinges übereinstimmen, als die anderen Einzeldinge derselben Art." Vergl. auch ib. prop. 37. schol., wo Sp. ausdrücklich sagt, dass die Natur der unvernünftigen Thiere von der unsrigen verschieden ist.
6) III. prop. 51. IV. prop. 33.

Menschen, d. h. von dem Zustande und der augenblicklichen Verfassung seines Gemüthes ab, und jeder einzelne Affekt trägt den Charakter der Ursache und der besondern Natur des afficirten Gegenstandes an sich, weil der menschliche Körper bald auf diese, bald auf jene Weise und von demselben Gegenstande zu besondern Zeiten verschieden erregt werden kann.

Die Menschen sind aber nur in sofern einander entgegengesetzt, als sie von Affekten geleitet werden. Diese bilden das besondere Naturell jedes Individuums. Hinsichtlich ihres specifischen Strebens sind die Menschen nur von einander nicht gänzlich verschieden, da vermöge ihres Strebens, aus dem alle anderen Affekte, wie Neid, Rache und Ehrsucht folgen, die Menschen auf dem Wege zur Erlangung einer grössern Vollkommenheit sich begegnen und Ursachen gegenseitiger Affekte sein können. Die Menschen stimmen aber positiv in Etwas überein, und zwar ist dieses Positive nicht das allen Menschen gemeinsame Streben, da ja aus demselben die Leidenschaften folgen, durch welche die Menschen einander entgegengesetzt sein können. So weit aber die Menschen den Leidenschaften unterworfen sind, kann man nicht sagen, dass sie von Natur übereinstimmen; denn Leidenschaften sind nur die Ohnmacht der Menschen, den sie treibenden Ursachen Widerstand zu leisten, also etwas Negatives, und so wie der Satz, dass weiss und schwarz darin, dass sie nicht roth sind, übereinstimmen, nichts Anderes aussagt, als dass sie in Nichts übereinstimmen: so drückt die Uebereinstimmung der Menschen in ihren Leidenschaften nur aus, dass sie bloss in einem Mangel übereinstimmen[7]).

Das Positive aber, worin die Menschen wirklich übereinstimmen, ist ihre Vernunft (ratio). Vermöge ihrer Vernunft können die Menschen einander nicht entgegengesetzt sein, sondern die Vorschriften der Vernunft sind bei allen Menschen und zu allen Zeiten ein und dieselben. Sp. stellt daher den Lehrsatz auf: „So weit die Menschen nach der Leitung der Vernunft leben, in so weit allein stimmen sie nothwendig überein"[8]).

---

7) IV. prop. 32.
8) Ib. prop. 35.

Es ist daraus zu ersehen, dass die Erkenntniss nach Sp. bei allen Menschen gleich ist, und dass die Menschen sich nur in dem Grade ihrer Vernunft und ihrer Erkenntniss unterscheiden; das Erkannte aber muss bei allen Menschen übereinstimmen. Sp. sagt auch in dem Anhange zum ersten Theile seiner Ethik, dass wenn die Menschen die Dinge erkannt hätten, so würden diese alle Menschen überzeugen. Die Streitigkeiten unter den Menschen und die Irrthümer, in die sie so leicht verfallen, sprechen nicht für die Verschiedenheit des Erkennens der Einzelnen. Denn wenn auch die Schlüsse und die logischen Consequenzen allen Menschen dasselbe Resultat ergeben müssen, so sind ja die Schlüsse durch die Prämissen bedingt, welche letztere aber nicht bei allen Menschen übereinstimmen, weil jeder Mensch nach der Beschaffenheit seiner Einbildungskraft sich die Dinge vorstellt und aus den auf diese Weise gebildeten Begriffen und Urtheilen seine Schlüsse zieht. Auch tragen die Befangenheit und die vorgefassten Meinungen der Menschen nicht wenig dazu bei, dass die Menschen von unwahren Vordersätzen ausgehen und zu mit einander sich nicht vertragenden Resultaten gelangen. Würden aber alle Menschen von denselben Prämissen ausgehen, so müssten alle ihre Schlüsse zu einer und derselben Erkenntniss führen[9]).

Der Ursprung der Affekte.

Nach Desc. steht der Wille, der allein activ wirkt, ganz gesondert und frei von allen Vorgängen in der Seele da, um seine willkürliche, von keiner Bestimmung abhängige Entscheidung über die hervorzubringenden Wir-

---

[9]) Schon Heraklit sagte: „Das Erkennen sei allen Menschen gemein, den Wachenden ist eine gemeinsame Welt, ein jeder der Schlafenden wird zu einer ihm eigenen Welt gewendet. Vergl. Ritter: Geschichte der Philosophie, B. I. S. 256. 260. Auch Hume in seiner Untersuchung der menschlichen Verstandes (Abth. 8) sagt, dass die Seelenkräfte von Natur bei allen Menschen als gleich gelten, sonst wäre alles Begründen und Streiten vergeblich. Wir finden auch bei Berkeley in der Einleitung zu seiner Abhandlung über die Principien der menschlichen Erkenntniss (Sect. 3), dass es misslich sei, vorauszusetzen, dass richtige Schlüsse aus wahren Vordersätzen jemals zu Endergebnissen führen sollten, welche nicht mit einander in Uebereinstimmung gebracht werden können.

kungen zu treffen. Der Wille allein ist nach Desc. rein geistig und ohne alle Beimischung von Empfindungen und Vorstellungen, die, weil sie von den Gegenständen herrühren, sinnliche genannt werden. Auch ist der Kampf in der Seele kein Kampf der sinnlichen Elemente, der doch bei der Einheit der Seele unmöglich erscheint, sondern ein Streit der körperlichen Erregungen mit der reinen Seele, mit dem Willen, der mit den Erregungen nichts gemein hat und sie unbedingt überwinden kann. Eine Folge dieser hohen Ansicht von dem selbständigen Willen ist die Annahme, dass dieser Gebieter nach Desc. die Machtvollkommenheit besitzt, die Organe beliebig zu bewegen und dadurch jede Handlung zu vollbringen[1]). Nach Sp. dagegen, der dem Willen keine solche unumschränkte Gewalt beimisst, müssen alle organischen Bewegungen besondere körperliche Ursachen haben, welche die Bewegung veranlassen. Ist einmal kein Selbstherrscher da, dessen Befehl das stärkste Motiv ist, so kann keine körperliche Bewegung von der Seele als erster Ursache ausgehen, vielmehr hängt der Entschluss der Seele von äusseren Motiven ab und wird von ihnen bestimmt. Sp. stellt den Satz auf, dass weder der Körper die Seele zum Denken, noch die Seele den Körper zur Ruhe und Bewegung bestimmen könne[2]). Der Körper ruht und bewegt sich nicht auf den blossen Wink der Seele, sondern alle seine Bewegungen und Verrichtungen sind eine Folge seiner künstlichen Organisation, vermöge welcher seine Organe zu ihren besonderen Functionen nach gewissen physikalischen Gesetzen bestimmt werden. Auch das Sprechen und Schweigen hängt nicht von dem Entschlusse der Seele ab, sondern es muss eine besondere körperliche Ursache vorhanden sein, die die Zunge zur Ruhe oder Bewegung erregt, sie diese oder jene Laute hervorbringen lässt und sie zu einer bestimmten Aeusserung veranlasst; daher die oftmalige Reue über das Gesprochene oder Verschwiegene nach eingetretener Reflexion[3]) und die lächerlichen Aeusse-

---

[1]) Vergl. Passiones animae art. 47. 50.
[2]) Nec corpus mentem ad cogitandum, nec mens corpus ad motum neque ad quietem nec ad aliquid determinare potest. Eth. III. prop. 2.
[3]) Die poenitentia ist nach Sp. daher möglich, weil die Menschen sich frei dünken, sich ihrer Handlungen, aber nicht deren nothwendiger Ursachen bewusst sind und daher ex libero mentis decreto zu handeln glauben. Affect. def. 27.

rungen des Betrunkenen, die er nüchtern verschwiegen hätte[4]). So rührt auch das Streben und Begehren des Körpers nicht von dem Entschlusse der Seele her, so wenig als das Kind die Milch freiwillig begehrt, sondern auch dieses ist eine Folge der Construction des menschlichen Körpers und muss aus den mechanischen Gesetzen der Ruhe und Bewegung abgeleitet werden[5]). Gleichwohl findet dasselbe Streben auch in der Seele als ein Denken statt; das körperliche Streben hängt aber nicht von dem der Seele ab, sondern beide laufen parallel, ohne dass eine Wechselwirkung stattfindet.

Das Streben (conatus) ist in dem Wesen und der ursprünglichen Natur jedes Dinges enthalten, da jedes Ding von Natur in seinem Sein zu verharren und sich zu erhalten strebt. In seiner Abhandlung von Gott, dem Menschen und dessen Glückseligkeit sagt Sp.: „In der ganzen Natur und in allen besonderen Dingen herrscht das Streben nach der Erhaltung und dem Bewahren seines eigenen Seins; kein Ding kann aus seiner eigenen Natur nach Vernichtung seines Selbsts streben"[6]). Ist aber das Streben jedem Dinge angeboren und nicht erst von der Seele hervorgerufen, so leuchtet ein, dass wir nicht nach einer Sache streben, weil wir sie als gut gefunden haben, sondern unser Streben ist das Mass des Guten, indem nur Das von uns als gut gefunden wird, wozu wir in uns ein Begehren wahrnehmen[7]). Man begehrt nicht eines Zweckes willen, sondern der Zweck ist nur das Begehren[8]). Dieses Streben sich zu erhalten und auf unbestimmte Zeit im Sein zu verharren[9]), findet auch in der Seele statt, d. h. es spiegelt sich in der Seele ab und wird von ihr gewusst, und es kann demnach sowohl von einem Streben des Körpers, als auch von einem Streben der Seele gesprochen

---

[4]) Vergl. III. prop. 2. schol.
[5]) Ib. schol.
[6]) De deo I. cap. 5. Der Selbstmörder, bei dem nach Schopenhauer die Erkenntniss den Triumph über den blinden Willen zum Leben feiert, ist nach Sp. seines Verstandes beraubt und von fremden Ursachen, welche seiner Natur entgegen sind, überwunden. Eth. IV. 18. schol.
[7]) Nihil nos conari, velle, appetere neque cupere quia id bonum esse judicamus, sed contra nos propterea aliquid bonum esse judicare, quia id conamur, volumus, appetimus atque cupimus. Ib. III. prop. 9. schol.
[8]) Causa autem, quae finalis dicitur, nihil est praeter ipsum humanum appetitum, quatenus is alicujus rei veluti principium seu causa primaria consideratur. IV. praefatio.

werden, obwohl beide bekanntlich nach Sp. von Natur ein und dasselbe sind und nur in der Auffassung als gesondert erscheinen. Auch entsteht der Entschluss (decretum) in der Seele zugleich mit der Bestimmung (determinatio) des Körpers, eine Handlung zu vollbringen, da sie beide von Natur nicht sowohl zugleich, als vielmehr eine und dieselbe Sache sind, welche, wenn man sie unter dem Attribute des Denkens auffasst, Entschluss, und wenn man sie unter dem Attribute der Ausdehnung auffasst, Bestimmung heisst[10]).

Wird von dem Streben der Seele und des Körpers gleichzeitig gesprochen, so heisst es nach Sp. Verlangen (appetitus); darunter wird nur das eigene Wesen des Menschen verstanden, aus dem nothwendig das folgt, was seiner Erhaltung dient und wodurch der Mensch zu den darauf bezüglichen Handlungen veranlasst wird. Dieses Streben wird aber Wille (voluntas) genannt, wenn nur von dem Streben der Seele die Rede ist; Begierde (cupiditas) dagegen soll das natürliche Streben mit dem Bewusstsein davon bezeichnen[11]), welches Wissen der Seele nach Sp. jede Vorstellung mit sich bringt[12]). Gewöhnlich aber drückt cupiditas nach Sp. das menschliche Wesen aus, in sofern der Mensch durch seine Erregungen zu einer Thätigkeit angetrieben wird, wenngleich er sonst unter diesem Worte alles Streben, Verlangen, Begehren und Wollen versteht. Conatus scheint nach Sp. das Streben

---

9) In cog. met. II. cap. 6 sagt Sp.: „Quare nos per vitam intelligimus vim, per quam res in suo esse perseverant".
10) Mentis tam decretum, quam appetitum et corporis determinationem simul esse natura, vel potius unam eandemque rem, quam, quando sub cogitationis attributo consideratur et per ipsum explicatur, decretum appellamus, et quando sub extensionis attributo consideratur et ex legibus motus et quietis deducitur, determinationem vocamus. Eth. III. prop. 2. schol.
11) Hic conatus, cum ad mentem solam refertur, voluntas*) appellatur, sed cum ad mentem et corpus simul refertur, vocatur appetitus, qui proinde nihil aliud est, quam ipsa hominis essentia, ex cujus natura ea, quae ipsius conservationi inserviunt, necessario etc. inter appetitum et cupiditatem nulla est differentia, nisi quod cupiditas ad homines plerumque refertur, quatenus sui appetitus sunt conscii et propterea sic definiri potest. nempe, cupiditas est appetitus cum ejusdem conscientia. Ibid. prop. 9. schol.
12) Ib. II. prop. 19—23.

---

*) In dieser Stelle und in explic. zu affect. def. 1 gebraucht Sp. dieses Wort im gewöhnlichen Sinne, sonst sagt er ja bekanntlich „voluntas et intellectus unum et idem sunt". Vergl. Trendelenburg Beiträge B. II. S. 87.

zu bezeichnen, in sofern es nur auf den Körper bezogen wird, obgleich Sp. es nicht ausdrücklich sagt; sonst müssten conatus und appetitus gleichbedeutend sein[13]). Das natürliche Streben des Menschen ist ursprünglich kein Streben nach einer grösseren Vollkommenheit. Bei einem Streben nach grösserer Vollkommenheit muss eine Vorstellung vorschweben, nach der gestrebt wird. „Es muss in dem Einzelnen die Vorstellung des begehrten, geliebten Gegenstandes gegeben sein, wenn in demselben ein derartiger Affekt des Denkens, wie Begehren, Liebe u. s. w. vorhanden sein soll"[14]). Die Seele hat aber, so lange ihr Körper mit anderen Gegenständen noch nicht in Berührung gekommen und von ihnen afficirt ist, nur die Vorstellung ihres eigenen Körpers, welche Vorstellung das wirkliche Sein der menschlichen Seele ausmacht[15]). Das natürliche Streben geht daher nur dahin, im Sein zu verharren. Dieses Streben, das in der natürlichen Verfassung des Menschen seinen Ursprung hat und vermöge dessen der Mensch in der Folge auch zur Thätigkeit bestimmt und angetrieben wird, nennt Sp. auch „die Macht zu handeln (agendi potentia"), in sofern der Mensch seinem natürlichen Streben zufolge alles seiner Natur Zusagende herbeizuschaffen, allen Hindernissen aber Widerstand zu leisten und sie zu beseitigen sucht. Es geht daher das Streben des Beharrens im Sein, der Selbsterhaltung, in eine Macht zu handeln, den Dingen sich entgegenzustellen, über, sobald ein Gegenstand mit anderen sich begegnet und in Be-

---

13) Vergl. affect. def. 1. explic., wo nach Sp. cupiditas et appetitus ein und dasselbe ist; denn das Verlangen bleibt ja immer dasselbe, ob der Mensch sich dessen bewusst ist oder nicht, und wo Sp. auch sagt, dass er deshalb nicht cupiditas als das menschliche Wesen, insofern es zu einer Thätigkeit bestimmt, aufgefasst wird, definirt, weil sich aus dieser Definition nicht ergeben hätte, dass die Seele sich dessen bewusst sein könne. An dem Ausdruck „possit" muss aber Anstoss genommen werden, (wenn wir nicht annehmen sollen, dass Sp. damit den Unterschied zwischen den Instinkten und Trieben und dem bewussten Begehren andeutet, ein Unterschied, den wir bei Sp. noch gänzlich vermissen), da aus Sp's Principien das stetige Wissen der Vorstellungen folgt, und sollte man auch unter „mens possit suae cupiditatis esse conscia" das Selbstbewusstsein, idea ideae, verstehen, so bleibt dennoch jener Ausdruck ungenau, da nach Sp., wo Vorstellung, da auch das Wissen um dieselbe vorhanden ist, auch ohne Bezug auf das Objekt. Vergl. II. 21. schol.: simulac quis aliquid scit eo ipso scit, se id scire et simul scit se scire, quod scit etc. Vergl. auch Tract. de intellect. emendatione Ausg. Bruder S. 16. Philosoph. des Unbewussten S. 381., wo der Unterschied zwischen Bewusstsein und Selbstbewusstsein scharf auseinandergesetzt wird.
14) Modi cogitandi, ut amor, cupiditas etc. non dantur, nisi in eodem individuo detur idea rei amatae, desideratae etc. II. axiom. 3.
15) Ibid. prop. 11.

rührung kommt. Diese agendi potentia wird auch von der Seele ausgesagt, die zur Auffassung von vielen Dingen geeignet ist, von welchen ihr Körper erregt wird[16]).

Diese Macht zu handeln aber kann durch die Gegenwart äusserer Gegenstände vermehrt oder vermindert werden, und zwar kann sowohl der Körper in seiner physischen Kraft als die Seele in ihrem Denken eine solche Erhöhung oder Einbusse erfahren.

Der menschliche Körper bedarf nämlich zu seiner Erhaltung vieler anderen Körper, durch welche er gleichsam wieder erzeugt wird[17]). Er bedarf der Körper, welche mit ihm von gleicher Natur sind, d. h. die seiner Natur zusagen und zu seiner Erhaltung dienen. Nach solchen Körpern strebt er und sucht sie herbeizuschaffen, dagegen meidet er die seiner Natur entgegengesetzten, die ihm schädlichen Körper, welche allein ihn zerstören können, da jedes Ding nur von einer äusseren Ursache zerstört werden kann[18]). Begegnet er den ersteren, d. h. sind ihm die mit seiner Natur übereinstimmenden Körper gegenwärtig, so wird seine Macht vermehrt, fester und sicherer. Trifft er aber auf die ihm entgegengesetzten und schädlichen, so wird seine Macht nicht nur nicht vermehrt, sondern gehemmt und vermindert. Durch das Zusammentreffen mit anderen, mit seiner Natur übereinstimmenden oder ihr zuwiderlaufenden Körpern erfährt also der Mensch eine graduelle Veränderung in seiner Macht, welche Veränderung **Affekt** oder Erregung genannt wird[19]).

---

16) Ibid. 14. III. def. 3.
17) Corpus humanum indiget, ut conservetur, plurimis aliis corporibus, a quibus continuo quasi regneratur. II. postul. 4.
18) Nulla res, nisi a causa externa, potest destrui. III. prop. 4.
19) Per affectum intelligo corporis affectiones, quibus ipsius corporis agendi potentia augetur vel minuitur, juvatur vel coërcetur et simul harum affectionum ideas. III. def. 3. Sp. nennt jedoch auch eine solche Erregung der Seele als Affekt, die ihre Macht zu handeln weder vermehrt, noch vermindert. Vergl. ibid. 15. In der affect. generalis def., qui animi pathema dicitur, weshalb er ihn als idea confusa definirt, fügt noch Sp. zu dem Obigen „et qua data ipsa mens ad hoc potius, quam ad illud cogitandum determinatur" hinzu, um neben der Natur der Fröhlichkeit und Traurigkeit auch die Natur des Begehrens auszudrücken. Die Definition der passio lautet: „si itaque alicujus harum affectionum adaequata possimus esse causa, tum per affectum actionem intelligo; alias passionem". III. def. 3. Vergl. auch ib. def. 2. Dieser Unterschied wird von Sp. überall festgehalten. So heisst es z. B. IV. prop. 5: vis et incrementum cujuscunque passionis, indess ib. prop. 6: vis alicujus passionis seu affectus etc. Auffallend ist es, wenn Sp. III. 56. schol. von temperantia u. s. w. sagt: passiones seu affectus non sunt, während er Affect. def. 48. von demselben sagt: mentis potentiam, non autem passionem indicare.

Dieser Veränderung in dem Körper durch die Gegenwart eines ihn fördernden oder störenden Gegenstandes entspricht eine Veränderung in der Seele, die alle Zustände ihres Körpers auffasst und von ihnen Vorstellungen gewinnt, durch welche Vorstellungen, da sie die menschliche Seele ausmachen, auch diese in ihrer Kraft zu denken gehemmt oder gefördert wird. Die Seele besteht ja nach Sp. in einer Vorstellung (idea oder conceptus) des eigenen Leibes. Alles was in diesem Körper vorgeht, fasst die Seele auf, d. h. es ist in ihrer Vorstellung des Körpers enthalten[20]).

So lange daher der Körper von keinem Gegenstande afficirt wird, hat die Seele nur die Vorstellung und ein Wissen von der Natur ihres eigenen Körpers, von dem, was ihr Körper an Realität in sich enthält und was seine Existenz bejaht, nicht aber von dem, was dem Körper abgeht, und seine Existenz verneint. Von einer grösseren Realität als der ihres Körpers hat die Seele, so lange in ihrem Körper die Natur eines andern nicht enthalten ist, keine Kunde, indem ihr eigener Körper nur Sciendes und Positives und nicht Fehlendes und Negatives enthält. Und wäre der Mensch keinen anderen Gegenständen begegnet, die mehr oder weniger Macht und Realität besitzen, als er, so verbliebe er in einem gefühllosen Zustande, wo weder Fröhlichkeit und deren gewöhnliche Repräsentantin, die Liebe, noch die Traurigkeit und ihre gewöhnlichen Begleiter, der Hass und der Neid, aufkommen können.

Denn erst das Zusammentreffen mit Gegenständen, die mehr oder weniger Realität haben und deren Natur mit der unsrigen übereinstimmt oder ihr entgegengesetzt ist, bildet den alleinigen und ersten Ursprung aller unserer Erregungen, indem sie unsern Körper afficiren, unser Streben unterstützen oder hemmen und unserer Seele solche Vor-

---

Vergl. auch III. prop. 58. 59. Die von Cartesius gegebene Definition der passiones animae, die auch von Sp. in der Vorrede zum fünften Theile der Eth. angeführt wird, bestimmt sie als: perceptiones, aut sensus aut commotiones animae, welche sich nur auf die Seele beziehen, im Unterschiede von den Vorstellungen, die man auf äussere Gegenstände oder den eigenen Körper bezieht, wie Geruch, Farbe, Schmerz u. s. w. Es scheint, dass Desc. darunter nur die Gefühle im engern Sinne und das Wollen versteht, d. h. die Affektionen der Seele, welche von ihr selbst ausgehen und nicht durch ihre Beziehungen zum Leibe entstehen, also nicht genau dasselbe, was Sp. unter Affekt versteht. Vergl. Passiones animae art. 25—30.
20) Eth. II. 11—13.

stellungen vergegenwärtigen, die vermöge der Verschiedenheit der Realität ihrer Gegenstände und deren Natur auch auf unsere Seele einwirken und ihre Macht, zu denken, vermehren oder vermindern.

Fröhlichkeit und Traurigkeit.

Alle Gefühle sind positiver Natur.

Durch das Zusammentreffen mit anderen Gegenständen, die mit seiner Natur übereinstimmen oder ihr entgegengesetzt sind, wird eine Veränderung in der Macht des Menschen hervorgebracht, welche diese vermehrt oder vermindert. Bei dem Mehr- oder Minderwerden seiner Macht geht der Mensch zu einer grössern oder geringern Vollkommenheit über, welche Vollkommenheit aber ohne Rücksicht auf die Dauer nur die Realität eines Gegenstandes ausdrückt[1]). Dieser Uebergang wird von dem Menschen empfunden, weil auch die Macht der Seele dadurch gehemmt oder gestützt wird, als Fröhlichkeit (laetitia), oder Traurigkeit (tristitia). Diese sind nach Sp. die Bezeichnungen für die Vorgänge in der Seele, bei welchen ihr Körper und dadurch auch sie zu einer grösseren oder geringeren Vollkommenheit übergehen. Fröhlichkeit und Traurigkeit sind aber nicht die Veränderungen selber; sie sind vielmehr die Anzeiger oder die Anzeichen, dass ein Uebergang zu einer grösseren oder geringeren Vollkommenheit stattfindet, und zwar so, dass, wenn der Uebergang aufgehört hat, auch das ihm entsprechende Gefühl verschwindet, wenn auch eine Veränderung in der Macht und Vollkommenheit verblieben ist. Das Gefühl, welches in Fröhlichkeit und Traurigkeit zerfällt, ist nach Sp. mithin die geistige Kundgebung oder ein Wissen in der Seele von

---

1) Per perfectionem in genere realitatem intelligam etc. nulla ipsius durationis habita ratione. IV. praefatio.

dem eigenen und des Körpers Uebergange zu einer grösseren oder geringeren Vollkommenheit[2]).

Der Mensch besitzt nämlich immer einen gewissen Grad der Vollkommenheit, der Realität. Diese ihm zu Theil gewordene Vollkommenheit aber erweckt in ihm keine Fröhlichkeit, wie auch der Mangel an einer grösseren Vollkommenheit, als die seinige, keine Ursache für die Entstehung einer Traurigkeit in ihm abgiebt. Erst wenn seine Macht zu- oder abnimmt und er zu einer grössern oder geringern Vollkommenheit übergeht, empfindet er diesen Uebergang. Hört aber der Uebergang, die Bewegung auf, und ist die Veränderung eine bleibende geworden, so hört der Mensch auch auf, die bereits stattgehabte Veränderung zu fühlen. Die Macht, die man bereits besitzt oder deren man schon beraubt ist, erregt — so lange wir die besitzende nicht betrachten oder der beraubten uns nicht erinnern, welche Betrachtung oder Erinnerung aber eine neue Bewegung veranlasst — keine freudigen oder traurigen Gefühle, da das Gefühl nur auf einer Bewegung, auf einer vor sich gehenden Veränderung, aber nicht auf einem bewegungslosen Zustande beruht. „Wenn ein Mensch, sagt Sp., mit der Vollkommenheit geboren würde, zu welcher er übergeht, so würde er dieselbe ohne den Affekt der Fröhlichkeit besitzen, sonst müsste er sich über Nichts betrüben, so lange er noch einer Vollkommenheit theilhaftig ist"; denn einen gewissen Grad der Vollkommenheit besitzt ja jeder Mensch immer. Der Mensch fühlt aber sein Besitzthum nicht, weil er davon nicht erregt wird, während zur Entstehung eines Gefühls eine Erregung, ein wirklicher Vorgang und eine neue Veränderung erforderlich ist. Das Gefühl ist etwas Wirkliches und Positives; es kann daher nur auf einem wirklichen und positiven Vorgange, also auf einem Uebergange beruhen. „Privatio nibil est", sagt Sp., der Mangel an Vollkommenheit kann daher als ein bloss Negatives kein Gefühl erzeugen[3]). Wenn man aber durch eine Vorstellung von etwas Vollkommenerem oder weniger Mangelhaftem sich

---

2) Vergl. auch Tract. de deo Vorrede zum zweiten Theil. Anmerkung 13: „Und diese Veränderung ist gerade das, was wir Gefühl nennen".
3) Affect. def. 3. expl.

betrübt, so ist diese Vorstellung, die etwas Positives und Wirkliches ist, nicht aber der Mangel die Ursache der Erregung.

Nur also der Uebergang (transitio) zu einer grösseren oder geringeren Vollkommenheit bringt eine Erregung in der Seele hervor, welche als Fröhlichkeit oder Traurigkeit gefühlt wird.

Diese Gefühle werden daher von Sp. nicht als grössere oder geringere Vollkommenheit selber, sondern als der Uebergang zu solchen definirt[4]).

Lust und Schmerz (titillatio et dolor) hingegen bezeichnen nach Sp. meistens die Veränderung an dem Körper, wodurch dieser an Macht und Vollkommenheit gewinnt oder verliert. Gewöhnlich wird unter Lust und Schmerz das Lust- oder Schmerzgefühl verstanden, also deren Gefühl und Wissen in der Seele; denn die Menschen, die erst durch den seelischen Vorgang, das Gefühl, Kunde von ihren leiblichen Vorgängen erhalten, sprechen nur von jenen, geben aber diesen keinen Ausdruck. Und wenn sie von einem Schmerze oder einem Genusse reden, so verstehen sie gewöhnlich nicht darunter den leiblichen Vorgang, den sie nicht kennen, sondern den seelischen, den sie fühlen. Die Sprache bietet auch deshalb keine besonderen Ausdrücke für die leiblichen Veränderungen, abgesehen von deren Abspiegelung in der Seele, indem die Menschen nur für das Bewusste und Gefühlte Worte erfinden. Sp. dagegen, der auf die Natur der Dinge Acht gab, suchte auch die leibliche Veränderung, d. h. die Zu- oder Abnahme der körperlichen Kraft, abstrahirt von deren Parallele in der Seele, zu bezeichnen, nämlich mit „titillatio und dolor", die nur der leiblichen Veränderung, dem Uebergange des Körpers zu einer grösseren oder geringeren Vollkommenheit Ausdruck geben.

Unter Lust und Schmerz versteht Sp. daher nicht deren Gefühle, welche als Zustände des Denkens sich in der Seele kundgeben und Fröhlichkeit oder Traurigkeit genannt werden, sondern nur die sinnliche und organische

---

4) Per laetitiam itaque in sequentibus intelligam passionem, qua mens ad maiorem perfectionem transit; per tristitiam autem passionem, qua ipsa ad minorem transit perfectionem. III. 11. schol. Laetitia est hominis transitio a minore ad maiorem perfectionem. Tristitia est etc. Affect. def. 2. 3.

Veränderung in dem Körper, welche der Fröhlichkeit und Traurigkeit zu Grunde liegt. Bei dieser besondern Bezeichnung trennt Sp. die sinnliche Lust und den sinnlichen Schmerz von deren Reflex in der Seele, ähnlich wie wir es schon bei Theodorus dem Cyrenaiker finden, der den Genuss und die Beschwerde ($ἡδονή$ $καὶ$ $πόνος$) von der Freudigkeit und der Trauer ($χαρά$ $καὶ$ $λύπη$) als Reflex jener Empfindungen im Innern des Subjekts trennte[5]). Jene nennt Spinoza titillatio et dolor, diese laetitia et tristitia.

Dass aber jeder Vorgang in dem Körper, auch, abgesehen von seinem Empfundenwerden in der Seele, auf die Macht des Körpers von Einfluss ist, kann, glaube ich, in der Erfahrung begründet werden. Wir sehen, dass eine rein organische Veränderung den Körper schwächt oder stärkt, auch in Fällen, wo kein entsprechender seelischer Vorgang gefühlt wird. In einem besinnungslosen Zustande, glaube ich, wird der Mensch ebenso gut durch ein Leiden an seiner Kraft verlieren, wie in einem gefühlten und bewussten, was doch eben besagt, dass nicht nur die Empfindung des Schmerzes, sondern der Schmerz an und für sich die körperliche Kraft vermindert und eine Schwächung herbeiführt. Wenn man daher aus dieser Definition der Lust und des Schmerzes entnehmen will, dass Sp. Lust und Schmerz in den Körper verlegt, was mit der modernen Physiologie unvereinbar ist, so ist es nach meiner Ansicht unbegründet. Denn Spinoza definirt nicht darunter, wie gesagt, das Gefühl der Lust und des Schmerzes, welche auch nach ihm nur der Seele gehören und laetitia und tristitia genannt werden, sondern die Lust und den Schmerz selber, ganz getrennt von ihrem Auftreten in der Seele.

Diese Definitionen der Fröhlichkeit und Traurigkeit, der Lust und des Schmerzes als eines Ueberganges zur grösseren oder geringeren Vollkommenheit und nicht als Vollkommenheit oder Unvollkommenheit selber sind zwar eine einfache Consequenz von Spinoza's Principien, nach denen Affekt die Erregung des Körpers ist. Sie beruhen aber auch auf der Erfahrungsthatsache, dass ein ruhiger

---

5) Vergl. Ritter Geschichte der Philosophie B. II. cap. 3. Auch Cartesius passion. animae art. 94 macht diesen Unterschied. Wenn er aber sagt: Dennoch ist ihr Unterschied so gross, dass man manchmal Schmerzen mit Freude erleidet und umgekehrt, so übersieht er dabei, dass diese

Zustand, in dem kein Uebergang empfunden wird, uns keine Fröhlichkeit oder Traurigkeit bereitet. Das allmälige Genesen von einer Krankheit oder das langsam vor sich gehende Abnehmen unseres Körpers empfinden wir nicht, noch weniger ergötzt oder betrübt uns der scheinbar ohne Veränderung bleibende Zustand unserer Gesundheit. Ebenso verhält es sich mit unserem Besitzthum. Erst der Verlust und der Gewinn bereiten uns Kummer oder Freude, weil beim Verlieren oder Gewinnen ein Uebergang stattfindet, der eine Erregung, ein Fühlen erzeugt, während wir den Besitz des Vermögens selber gar nicht empfinden. Auch sieht man, dass ein stetes, längere Zeit andauerndes, wenn auch geringes Erwerben dem Menschen eine grössere Summe von Lust und Freude zuführt, als ein einmaliger, wenn auch jenen weit übertreffender Gewinn; dieser wird zwar bei seinem Eintreffen einen plötzlichen Uebergang in einen neuen Zustand veranlassen und grosse Freude hervorrufen, dann aber keine freudigen Gefühle mehr erwecken. Umgekehrt wird beim Verlieren die Quantität des von einem Abnehmen unseres Vermögens herrührenden Kummers grösser sein, als die von einem grössern Verluste, der aber weniger Zeit in Anspruch nahm. Aus diesem Grunde fühlt sich der Reiche, dessen Vermögen nicht mehr wächst, meistens viel weniger glücklich, als der nicht Vermögende, der aber täglich erwirbt und an Vermögen zunimmt. Das Vermögen und der Reichthum verhalten sich so wie unsere Kraft und unser Gesundheitszustand; sie werden nur dann empfunden und von entsprechenden Gefühlen begleitet, wenn ein wahrnehm- und fühlbarer Wechsel der Zustände stattfindet.

Dadurch wird auch erklärlich, warum der Mensch, dessen körperlicher Zustand doch in einem fortwährenden Wechsel begriffen ist, nicht immer von jenen Veränderungen entsprechenden Gefühlen erfasst wird und von diesen Vorgängen Kunde erhält. . Dieser Wechsel nämlich vollzieht

---

Freude nicht der gesetzmässige Reflex des körperlichen Schmerzes, sondern eine Folge der vernünftigen Ueberlegung ist, dass dieser Schmerz gute Folgen haben wird. Auch John Locke (Versuch über den menschlichen Verstand, Buch II. cap. 20. § 2) spricht von einer Störung in dem Körper, versteht aber unter Lust und Schmerz nur den Zustand in der Seele, welcher durch eine Förderung oder Störung in dem Körper oder durch die Gedanken der Seele veranlasst wird.

sich so langsam und leise, dass man dabei keines Ueberganges, der allein in das Bewusstsein gelangt, gewahr wird. Auch die Frage, warum wir eher einen Verlust als eine Lust fühlen, jeden leisesten Schmerz empfinden und überhaupt leichter von Traurigkeit als Fröhlichkeit erfasst werden, findet in der Auffassung des Gefühls als eines Ueberganges zu einem neuen Zustande ihre vollständige Lösung. Wird nur der Uebergang gefühlt, so muss er merklich genug sein, um gefühlt zu werden. Nun stimmt der Uebergang zu einer grössern Vollkommenheit mit unserem natürlichen Streben überein; eine diesem zusagende Veränderung und ein solcher Wechsel wird von uns daher, wenn er unbedeutend ist, nicht bemerkt werden, der Uebergang dagegen zu einer geringern Vollkommenheit, da er dem natürlichen Streben zuwiderläuft, wird als eine Macht, die unsere Natur zu kämpfen und zu überwinden auffordert, beim leisesten Geräusch bemerkt und empfunden; denn das Störende und Hindernde wird eher als das Zustimmende und Zusagende gefühlt.

Aus dem Vorhergesagten ist zu entnehmen, was nach Sp. das Bewusstsein ist und wie dieses entsteht. Es ist nämlich das Wissen um die Erregungen, den Uebergang zu einem neuen Zustande, welcher erstere allein in das Bewusstsein tritt und dasselbe ausmacht. Spinoza sagt auch, dass die Seele nur die Erregungen ihres Körpers erkennt[6]), woraus doch deutlich zu ersehen ist, dass der ohne eine Erregung verharrende Zustand folglich nicht in das Bewusstsein der Seele gelangt. Diese Definition und Erklärung des Bewusstseins ist fast dieselbe, wie sie später von Kant und in der Gegenwart von Hartmann gegeben worden, da auch bei ihnen das bewusste Gefühl als eine Ueberwindung der Widerstände auftritt, wobei nämlich der Kampf gefühlt und gekannt wird, so dass nach Kant jedem Vergnügen ein Schmerz vorangehen muss, wenn es merklich sein und gewusst werden soll[7]). Es kann daher auch

---

6) Mens humana ipsum humanum corpus non cognoscit, nec ipsum existere scit, nisi per ideas affectionum, quibus corpus afficitur. Eth. II. prop. 19. Vergl. auch III. prop. 11. schol. Nam causa, cur mens corporis existentiam affirmat, non est, quia corpus existere incepit etc.
7) Vergl. Kant: Anthropologie § 58. Philos. d. Unbew. 2. Aufl. S. 371 Es scheint, dass der Königsberger Denker die Gedanken Spinoza's ent-

nach ihnen nur der Uebergang zu einem andern Zustande, welcher den vorigen überwindet oder das natürliche Streben und den Willen bekämpft, gefühlt und Eigenthum des Bewusstseins werden.

Endlich ist daraus zu sehen, dass Sp., indem er das Gefühl nur als einen Uebergang definirt, die Positivität beider Gefühle behauptet. Es ist nach ihm nicht die Lust allein, die Fröhlichkeit, positiv, wozu Leibnitz zur Rettung seines Optimismus Zuflucht nimmt, auch nicht umgekehrt, der Schmerz allein, wie Schopenhauer zur festeren Begründung seines Pessimismus anzunehmen genöthigt war, sondern, wie bei Kant, so sind auch bei Sp. beide Gefühle, Fröhlichkeit und Traurigkeit, positive und wirkliche Zustände des Körpers und der Seele und es lässt der Mangel an Lust, an einer Zunahme unserer Macht kein Schmerzgefühl bei uns entstehen, so wenig wie das Aufhören eines Schmerzes von uns als eine Lust empfunden wird. Lust und Schmerz lösen sich nur in sofern immer ab, als der Mensch unaufhörlich neuen Reizen und positiven Bewegungen ausgesetzt ist, von denen er wirklich erregt und von Neuem erfasst wird; bei einem Mangel an solchen Reizen aber kann der Mensch in einem affektlosen Zustande sich befinden, wo er weder von einer Lust, noch von einer Unlust heimgesucht wird.

Allenfalls entsteht bei einem Mangel an einem Gefühle eine Leere, welche Langeweile genannt wird und den meisten Menschen so peinlich und drückend ist, wie der heftigste Schmerz. Allein diese Empfindungslosigkeit, die Langeweile, wird meines Wissens von Sp. nirgends berücksichtigt, wahrscheinlich weil sie doch bloss ein Negatives und eine Privation ist und er ja nur die positiven Bewegungen und Veränderungen der Seele behandelt und deren erste Quelle und Ursprung zu erklären sucht. Die Langeweile ist demnach nach Sp. kein Affekt, ebenso wie die Bewunderung nach ihm kein Affekt ist, wie sich im Folgenden zeigen wird.

---

weder zu wenig gekannt, oder nicht gewürdigt hat, da er bezüglich des alleinigen Fühlens des Ueberganges sich auf den Grafen Veri und nicht auf Sp. beruft. Anthrop. ibid.

Die Bewunderung (admiratio).

Wenn wir einen Gegenstand anschauen, tritt unserem betrachtenden Blicke vornehmlich das entgegen, was der Gegenstand enthält und vorstellt, also seine positive Seite; dessen negative Seite hingegen bleibt von uns so lange unbemerkt, bis wir zur Aufmerksamkeit darauf veranlasst werden. Diese Aufmerksamkeit entsteht hauptsächlich durch das Vergleichen des betreffenden Gegenstandes mit anderen, welche auch Solches vorstellen, was jenem abgeht. Zu einem solchen Vergleichen der Gegenstände werden wir, auch wenn nur der eine uns gegenwärtig ist, bestimmt durch die Aehnlichkeit oder sonstige Verknüpfungen eines Gegenstandes mit anderen, welche der von uns angeschaute bietet[1]). Vermöge dieser Verknüpfung erinnern wir uns unwillkürlich anderer mit diesen verknüpften Gegenstände, es tauchen in uns deren bildliche Vorstellungen auf, durch welches gleichzeitige Vorstellen zweier oder mehrerer Gegenstände wir das, worin sie sich von einander unterscheiden, wahrnehmen und auch erkennen, was dem einen zukommt und dem andern abgeht. Durch die Verknüpfungspunkte nämlich, die die Gegenstände wegen ihrer Aehnlichkeit mit einander, stattgehabter Berührung im Raum oder in der Zeit bieten, wird unsere Betrachtung des gegenwärtigen Gegenstandes auf die bildliche Vorstellung des andern übergehen, wodurch die Aufmerksamkeit auf jenen zerstreut und auf die Vorstellung des andern Gegenstandes gerichtet wird[2]). Und

---

[1]) Quod in rebus nullam imperfectionem possumus concipere, nisi ad alias res attendamus, quae plus habent realitatis. Epist. 32. 5.
[2]) ... Mens ex cogitatione unius rei statim in alterius rei cogitationem incidat, quae nullam cum priore habet similitudinem. II. prop. 18. schol. Spinoza kennt nur zwei Gesetze der Gedankenverbindung: die Aehnlichkeit und das Gemeinsame, was doch dasselbe ist, und die Berührung in der Zeit. Die Ursachlichkeit (Hume Untersuchung des menschlichen Verstandes, Abtheilung III.) kennt Sp. nur im metaphysischen Sinne, als eine Perception der Seele nach der Ordnung des Verstandes, wo die Seele die Dinge per primas suas causas erfasst, und welche Ordnung bei allen Menschen dieselbe ist (ib. schol.). Sp. sagt jedoch: „Die Verknüpfung der Vorstellungen bildet sich in der Seele nach der Ordnung und Verknüpfung der Erregungen des menschlichen Körpers", worunter doch jede Verknüpfung, auch die im Raume und die der Causalität zu verstehen ist; denn auch die Wirkung ist eine zeitliche Folge ihrer Ursache. Was übrigens den Contrast betrifft, so hat Drobisch in seiner Psychologie richtig nachgewiesen, dass er unter den Begriff des Verwandten gehört.

da die meisten Gegenstände in dieser Weise mit einander verknüpft sind, so geschieht es gewöhnlich, dass wir bei der Betrachtung eines Gegenstandes nicht verweilen, sondern es erfolgt sofort der Uebergang zu der Betrachtung anderer Vorstellungen, welche durch den gegenwärtigen Gegenstand in uns auftauchen und unsere Gedanken in Anspruch nehmen.

Freilich ist dies nur bei der Betrachtung solcher Gegenstände der Fall, die Gemeinsames oder Verbindungen mit andern uns bereits bekannten Gegenständen haben. Begegnen wir aber einem Gegenstande, der in seiner Art neu ist, und der in Folge dessen keine Verbindungen mit andern Gegenständen hat, so verbleibt die Seele so lange bei der Betrachtung desselben, bis sie durch andere Ursachen oder durch die Entdeckung von seinen verborgenen Seiten zu andern Gedanken bestimmt wird. Denn da der Gegenstand neu ist, so fehlt die Brücke, vermittelst welcher unser Gedankenflug zu andern Vorstellungen gelangen könnte [3]).

Diese andauernde Betrachtung des einen Gegenstandes und dieses längere Verbleiben bei der Vorstellung desselben, wodurch die Aufmerksamkeit nur auf seine positiven und Lichtseiten gerichtet und dabei festgehalten wird, nennt Sp. Bewunderung eines Gegenstandes, welche mithin nur durch die Neuheit und Seltenheit entsteht und nichts Anderes, als das längere Verbleiben und Verharren bei der Betrachtung desselben ist [4]).

Unter der Bewunderung ist daher kein Gefühl zu verstehen, da sie keine Erregung und keine Bewegung in der Seele hervorbringt; sie drükt vielmehr nur ein längeres und aufmerksames Beschauen des einen Gegenstandes oder ein dauerndes Haftenbleiben auf seiner bildlichen Vorstellung aus, welche ihrer Seltenheit willen unsere Ge-

---

(Empirische Psychologie S. 85.) Vergl. auch Johannes Müller: Physiolog. des Menschen, 3. Auflage. B. III. S. 531.

3) Quod quidem concipi nequit, quando rei imago nova est; sed mens in ejusdem rei contemplatione detinebitur, donec ab aliis causis ad alia cogitandum determinetur. Affect. def. 4. explic. Natürlich muss nicht der Gegenstand ganz neu sein, sondern er muss neue, unbekannte Seiten enthalten, die unsere Gedanken fesseln und hinhalten. Vergl. auch III. prop. 52. Objectum etc. non tamdiu contemplabimur, ac illud aliquid singulare habere imaginamur.

4) Vergl. dieselbe def. 4: Admiratio est rei alicujus imaginatio, in qua mens defixa propterae manet, quia haec singularis imaginatio nullam cum reliquis habet connexionem.

danken für einige Zeit hinhält. Sp. sagt daher: „Die bildliche Vorstellung eines neuen Gegenstandes ist an sich von gleicher Natur mit den andern Vorstellungen, und deshalb rechne ich die Bewunderung nicht zu den Affekten, da dieses Abziehen der Seele (haec mentis distractio) aus keiner positiven Ursache entspringt, sondern nur daraus, dass eine Ursache fehlt, durch welche der Mensch von der Betrachtung des einen Gegenstandes zu der eines andern geführt wird"[5]. Hieraus ist zu ersehen, dass Sp. die Bewunderung an sich, das Verharren bei der Betrachtung des einen Gegenstandes nicht als etwas aus einer positiven Ursache Hervorgegangenes, welche allein eine Erregung erzeugen kann, sondern umgekehrt als einer Ursache Ermangelndes, als etwas Negatives, welches kein Gefühl erzeugt, erklärt, da nach ihm die Bewunderung ein blosses Haftenbleiben auf einer ungewöhnlichen Vorstellung ist. Wenn daher die Vorstellung sich auf einen solchen Gegenstand bezieht, der uns gleichgültig und in Folge dessen nicht geeignet ist, in uns ein Gefühl zu erwecken, so wird auch bei der längern Betrachtung, d. h. bei der Bewunderung desselben diese Wirkung ausbleiben.

Wenn man aber sonst gewöhnt ist, die Bewunderung als einen Affekt anzusehen[6], so geschieht es erstens deshalb, weil sie gewöhnlich von einem Gefühle begleitet erscheint, welches aber nicht in der Bewunderung an und für sich seinen Ursprung hat, sondern lediglich in dem bewunderten Gegenstande, der, auch ohne Gegenstand der Bewunderung zu sein, Ursache eines Gefühls ist. Auch trägt der Umstand bei, die Bewunderung irrthümlich als ein besonderes Gefühl zu finden, dass diese das von dem Gegenstande erregte Gefühl steigert und es zu einer Höhe bringt, die ohne Bewunderung, d. h. längere Betrachtung des betreffenden Gegenstandes nicht erreicht werden konnte. Denn das durch die Betrachtung oder Vorstellung eines

---

[5] Rei itaque novae imaginatio in se considerata ejusdem naturae est, ac reliquae, et hac de causa ego admirationem inter affectus non numero, nec causam video, cur id facerem, quandoquidem haec mentis distractio ex nulla causa positiva, quae mentem ab aliis distrahat, oritur, sed tantum ex eo, quod causa, cur mens ex unius rei contemplatione ad alia cogitandum determinatur, deficit. ib. explic.

[6] Descartes rechnet die admiratio zu den sechs ursprünglichen Leidenschaften. Auch Sp. spricht in dem kurzen Traktat, in dem er in der Lehre der Affekte noch ganz auf dem Boden des Desc. steht, von der Bewunderung als von einer Leidenschaft, welche aus der Meinung entsteht.

Gegenstandes entstandene Gefühl wird dadurch geschwächt, dass die Gedanken auf einen andern Gegenstand übergehen, der dieses Gefühl nicht unterstützt, so dass die Ursache des Gefühls unseren Gedanken nicht mehr gegenwärtig ist. Umgekehrt aber wird das Gefühl bei seiner ursprünglichen Stärke verbleiben oder noch an Intensität zunehmen, wenn wir bei der Betrachtung seiner Ursache länger verbleiben. Ist daher ein bewunderter Gegenstand die Ursache eines Gefühls in uns, so erhält uns die Bewunderung in seiner Betrachtung fest, und wir vermögen nicht, an andere Gegenstände zu denken. Das Gefühl, sonst bei seinem Auftreten sofort durch andere Gedanken zerstreut, wird in einem solchen Falle durch das Unvermögen der Seele, andere Vorstellungen aufzufassen, viel intensiver auftreten[7]). Stellen wir uns z. B. eine gewöhnliche Gefahr vor, so entsteht in uns das Gefühl der Furcht; durch das Gewöhnliche aber dieser Gefahr und durch die Geläufigkeit der Vorstellungen, die die Möglichkeit des Ausbleibens und Vermeidens dieser Gefahr enthalten, kann sich diese Furcht bei uns nicht behaupten; sie weicht sofort den andern Vorstellungen, welche die gefürchtete Gefahr ausschliessen. Rührt aber diese Furcht von einem ungewöhnlichen Gegenstande her, welcher seiner Seltenheit wegen den gewöhnlichen Uebergang zu andern Vorstellungen hemmt und uns in Folge dessen ihn länger zu betrachten veranlasst, so wird auch die durch ihn erregte Furcht eine anhaltendere und mächtigere sein. Dieser durch die Bewunderung gesteigerte Grad des Gefühls, welcher allenfalls seine höhere Potenz, nicht aber seine Entstehung der Bewunderung verdankt, pflegt gewöhnlich als ein besonderes Gefühl der Bewunderung angesehen zu werden. Die Be-

---

7) Ob der Eindruck vermöge der Ueberraschung und plötzlichen Erscheinung der Ursache schon gleich im Beginne stärker ist, wie Cartesius (ib. art. 72) annimmt, findet bei Sp. keine Erörterung; es scheint daher, dass dieser den höhern Grad des Gefühls wegen seiner Verbindung mit der Bewunderung dadurch erklärt, dass die ursprüngliche Stärke des Gefühls länger anhält und nicht wie die Gefühle, welche von gewöhnlichen Gegenständen herrühren, durch Zerstreuung und andere Gedanken an Stärke verlieren. Uebrigens glaube ich, der Beobachtung entnehmen zu dürfen, dass das Gefühl in seinem Beginn dieselbe Stärke entwickelt und gleich mächtig auftritt, gleich viel, ob dabei eine Ueberraschung stattfindet oder nicht, und dass es im letzteren Falle nur deshalb nicht in seiner vollen Stärke empfunden wird, weil es sofort, noch bevor es gewusst wird, abzunehmen beginnt, welche sofortige Abnahme bei der Ueberraschung nicht stattfindet. Vergl. jedoch IV. prop. 5, wo Sp. von einem Zuwachse (incrementum) der Leidenschaften spricht.

wunderung trägt aber nur bei, ein Gefühl, mit dessen Ursache sie verbunden ist, zu erhöhen, welcher hohe Grad dann auch einen andern Namen erhält, wie z. B. der wegen der Verbinbung mit der Bewunderung zu der höchsten Potenz gestiegene Grad der Furcht „Bestürzung" (consternatio") heisst[8]); sie ist aber selbst kein Gefühl, sondern eine vereinzelte oder bildliche Vorstellung einer besondern und vereinzelten Sache (rei singularis imaginatio), als welche sie auch von Spinoza definirt wird[9]).

Das Staunen (stupor) wird von Sp. gar nicht berücksichtigt; es ist wahrscheinlich bei ihm so wie bei Desc. ein hoher Grad der admiratio, welches ebenso wenig wie diese ein Gefühl bezeichnet. Uebrigens ist zu bemerken, dass das Staunen und die Verwunderung ein Nichtwissen voraussetzt, wie schon Arist. (Metaph. I. cap. 2) bemerkt hat; denn man staunt und verwundert sich nur über das Seltene und Unbekannte, und je mehr Kenntnisse und Wissen ein Mensch besitzt, desto weniger werden ihm die Gegenstände ausserordentlich erscheinen. Umgekehrt aber wird sich der Mensch über alles verwundern, was ausserhalb seines beschränkten Kreises liegt, wie es Sp. durch sein Beispiel von dem Landmann sehr treffend veranschaulicht hat[10]).

Verachtung (contemptus).

Descartes behandelt die Achtung und Verachtung als Arten der Bewunderung und bezeichnet damit die aus der Meinung über den Werth einer Sache entstandene Neigung, sich den Werth der geachteten oder die Niedrigkeit und Kleinheit der verachteten Sache vorzustellen[1]). Die

---

[8]) III. prop. 52. So entsteht auch nach Sp. aus der Verbindung der Furcht mit der Bewunderung die Ehrfurcht und aus der Bewunderung mit der Liebe die Andacht. Tract. theol. polit. cap. 17.

[9]) III. ib.: Haec mentis affectio sive rei singularis imaginatio, quatenus sola in mente versatur, vocatur admiratio, quae si ab objecto, quod timemus, moveatur, consternatio dicitur etc., woraus zu ersehen ist, dass die admiratio nur insofern sie allein in der Seele, abgesehen von der Wirkung ihres Gegenstandes, besteht, so genannt wird.

[10]) Tract. de deo II. cap. 3.

[1]) Descartes: Passiones animae art. 149.

Bewunderung hat zwar nach ihm kein Gegentheil; denn wenn ein Gegenstand für uns nichts Ueberraschendes enthält, so werden wir davon nicht bewegt und ihn ohne Leidenschaft betrachten. Mit der Bewunderung ist aber die Achtung und Verachtung verbunden, je nachdem man sich über die Grösse oder Kleinheit eines Gegenstandes verwundert. Es ist also daraus zu sehen, dass sowohl die Grösse und Vollkommenheit, d. h. das Positive, als auch die Unvollkommenheit, das Negative einer Sache nach diesem bewundert werden kann[2]). Wie das aber möglich ist, das Negative eines Gegenstandes, also das, was der Gegenstand nicht enthält, zu bewundern, bleibt bei Desc. unerörtert. Sp. dagegen, von dem Grundsatze „privatio nihil est", ausgehend, kann unter Bewunderung nur die Betrachtung des Positiven, der Realität eines Gegenstandes verstehen. Bei einer solchen Fassung der Bewunderung kann sie schon ein Gegentheil haben, und zwar nicht dann, wenn der Gegenstand nicht bewundert wird, sondern wenn dessen negative Seite und Unvollkommenheit hervortritt und, so wie etwas Positives, unsere Betrachtung herausfordert; alsdann betrachten wir lediglich die Kleinheit und Mängel des Gegenstandes, während dessen eigentliche Vorstellung die Seele sehr wenig berührt und von ihr wenig gekannt wird. So, wie daher die Bewunderung die Vorstellung des Positiven eines Gegenstandes, so ist ihr Gegentheil die Vorstellung des Negativen eines Gegenstandes, durch welche Vorstellungen sich bei uns ein Urtheil über den Werth des Gegenstandes bildet, da nach Sp. jede Vorstellung den Willen der Bejahung oder Verneinung, das Urtheil, in sich enthält[3]). Achtung und Bewunderung fallen daher nach Sp. zusammen, indem die Achtung nur das aus der Bewunderung hervorgehende Urtheil ist, denen beiden aber die Verachtung entgegensteht, die ebenfalls das aus der Vorstellung des Negativen, der Unvollkommenheit eines Gegenstandes folgende Urtheil über dessen Werth ist.

Um aber zu der Kenntniss der Unvollkommenheit eines Gegenstandes zu gelangen, muss eine besondere Ursache

---

2) Ibid. art. 53—55.
3) II. prop. 48.

ausserhalb des Gegenstandes vorhanden sein, die unsere Aufmerksamkeit auf Das lenkt und uns Das vorzustellen veranlasst, was der Gegenstand nicht enthält und nicht vorstellt. Diese Ursache ist das Vergleichen dieses Gegenstandes mit andern Gegenständen und Vorstellungen, die mehr Realität und Vollkommenheit enthalten. Wenn wir dann finden, dass dieser Gegenstand, von dem wir aus gewissen Gründen eine bessere Vorstellung hatten, dieser Vorstellung nicht entspricht und weniger Realität und Vollkommenheit besitzt, als wir erwarteten, so verachten wir ihn, d. h. wir denken nur daran, was ihm mangelt und von ihm verneint wird. Sp. definirt daher die Verachtung „als die Vorstellung eines Gegenstandes, welche die Seele so wenig berührt, dass die Seele durch die Gegenwart desselben mehr veranlasst wird, Das vorzustellen, was in ihm nicht ist, als das, was er enthält"[4]), und erklärt deren Ursache auf folgende Weise: „Wenn wir sehen, dass Jemand eine Sache bewundert, liebt u. s. w., alsdann aber durch die Gegenwart oder genauere Betrachtung des Gegenstandes genöthigt sind, Alles das wieder von ihm zu verneinen, was die Ursache der Bewunderung, der Liebe u. s. w. sein kann, so ist die Seele durch diese Gegenwart der Sache mehr veranlasst, an das darin Fehlende, als an das darin Befindliche zu denken u. s. w."[5]).

Diese Definition der Verachtung stimmt mit dem gewöhnlichen Gebrauche dieses Wortes fast überein, da die Verachtung sich gewöhnlich auf Menschen erstreckt, bei denen wir einen solchen Mangel wahrnehmen, oder von denen wir eine solche Handlung erblicken, welche wir nach unserer vorgefassten Meinung bei ihnen nicht vermutheten. Dieselbe Handlung daher oder derselbe Mangel an einer vorzüglichen Eigenschaft, die uns veranlassen, wenn wir sie bei dieser Person erblicken, sie zu verachten, dienen keinesfalls als Motive unserer Verachtung jeder beliebigen Person, bei der wir sie bemerken. Es werden daher angesehene und bekannte Personen in gewissen Fällen Gegenstände unserer Verachtung sein, wenn sie unserer vorgefassten Meinung und Erwartung von ihnen nicht entsprechen,

---

4) Affect. def. 5.
5) III. prop. 52. schol.

auf gewöhnliche Menschen dagegen, die noch mit mehr Mängeln behaftet sind, von denen wir aber nichts Besseres erwarteten, werden wir nicht aus demselben Grunde mit Verachtung herabsehen.

Ist aber die Bewunderung kein Zustand eines Fühlens der Seele, so drückt nach Sp. die Verachtung als deren Gegensatz auch kein Gefühl aus. So wie jene, so kann auch diese ohne alle Erregung oder Unruhe in der Seele vor sich gehen. Wir fällen, so wie der Richter, das Urtheil der Verachtung über Jemand, ohne dabei von einem Gefühle erfasst zu sein, indem sowohl die Bewunderung, als die Verachtung nach ihm ein blosses Wissen sind und die Kenntniss und Meinung der Seele bezeichnen.

Ebenso wie mit der Bewunderung können auch mit der Verachtung verschiedene Gefühle verbunden sein, wenn der verachtete Gegenstand in uns ein Gefühl erregt, welches Gefühl auch vermöge seiner Verbindung mit der Verachtung gewöhnlich mit einem andern aus diesen beiden hervorgegangenen Namen bezeichnet wird. So erzeugt das Gefühl des Hasses gegen einen Menschen, den wir verachten, den Spott oder die Geringschätzung, je nachdem wir an ihm seine Dummheit oder seine Schwäche verachten, da in dem Hassenden eine Fröhlichkeit entsteht, wenn er den gehassten Gegenstand verachten und verneinen kann, eine Fröhlichkeit, die Spott heisst. Auch bestimmt der Hass den Menschen so, dass er den gehassten Gegenstand unverdienterweise verachtet, d. h. geringschätzt, welche Wirkung des Hasses Geringschätzung heisst.

Aus dieser Verbindung der Gefühle mit der Bewunderung und Verachtung[6]) gehen noch viele Gefühle hervor, welche wegen ihrer Beziehung auf Gegenstände der Bewunderung oder Verachtung mit andern Worten bezeichnet werden, und aus diesem Grunde behandelt sie Sp. unter den Affekten, obgleich sie selbst keine Gefühle, sondern solche Vorstellungen bezeichnen, die die Aufmerksam-

---

6) Admirationi opponitur contemptus etc. Porro sicut devotio ex rei, quam amamus, admiratione, sic irrisio ex rei, quam odimus, vel metuimus, contemptu oritur, et dedignatio ex stultitiae contemtu, sicuti veneratio ex admiratione prudentiae. Possumus denique amorem, spem et alios affectus junctos contemptui concipere etc. Ibid. prop. 52. Affect def. 4 expl.

keit der Seele fesseln, oder die Seele so unberührt lassen, dass sie sich nur Das vorstellt, was der Gegenstand nicht enthält.

Ausser dem Begehren giebt es nur zwei primitive Affekte.

Da nach Sp. Bewunderung und Verachtung keine Gefühle sind, so folgt schon von selbst, dass es ausser dem Begehren, welches Sp. zu den Affekten zählt, nur zwei primitive Gefühle giebt, aus denen alle andern abgeleitet werden[1]). Es können in uns nur Lust- und Unlustgefühle erzeugt werden, und die grosse Mannigfaltigkeit der Gefühle mit ihren verschiedenartigen Gestaltungen sind nur als besondere Arten dieser zwei ursprünglichen anzusehen. Diese Mannigfaltigkeit der Gefühle, die doch im Grunde nur Lust oder Unlust sind, beruht vornehmlich auf der Vorstellung, von der als ihrer Ursache sie begleitet sind, sodann auf der Verbindung der ursprünglichen Gefühle mit einander oder mit der Vorstellung der Bewunderung und Verachtung und endlich auf dem eigentlichen Gehalt und Charakter, je nachdem das Gefühl ursprünglich oder eine blosse Wirkung eines ursprünglichen Gefühls ist. Und da die Vorstellungen sowohl äussere Objecte, als das Subject selber, und von den ersteren sowohl gegenwärtige, vergangene oder zukünftige, als nothwendige, mögliche oder zufällige Gegenstände als deren Inhalt enthalten können: so unterscheiden sich auch die Gefühle je nach der Art und Qualität ihrer sie verursachenden Vorstellungen. So wird die Fröhlichkeit, die von der Vorstellung des Subjects als deren Ursache begleitet ist, anders erscheinen, als die, welche von der Vorstellung eines äussern Gegenstandes herrührt, und die von einem gegenwärtigen und nothwendigen Gegenstande ihrem Grade nach höher sein, als die von einem vergangenen, zukünftigen oder zufälligen

---

1) ... et praeter hos tres nullum alium agnosco affectum primarium; reliquos ex his tribus oriri in seqq. etc. III. prop. 11. schol. und in noch einigen Stellen.

u. s. w.[2]). Die Gefühle unterscheiden sich daher nur ihrer Quantität und ihrem Stärkegrade nach, in ihrer Qualität aber sind sie entweder Fröhlichkeit oder Traurigkeit. Die Traurigkeit und Fröhlichkeit des einen unterscheidet sich zwar bei denselben Umständen von der des andern Menschen in soweit, als das Wesen, die Natur und Empfänglichkeit des einen von der des andern abweicht, und es ist gewiss ein grosser Unterschied zwischen der Fröhlichkeit eines Betrunkenen und der eines Philosophen; die Qualität der Fröhlichkeit aber ist bei beiden eine und dieselbe[3]).

Freilich rechnet Descartes, der sechs primitive Leidenschaften annimmt, auch die admiratio als eine solche, und obgleich derselbe eingesteht, dass diese schon stattfindet, noch bevor wir wissen, ob der Gegenstand für uns passt oder nicht, und dass sie mit keiner Veränderung im Blute oder im Herzen verbunden ist, nennt er sie dennoch eine passio, deren Kraft und Gewalt darin besteht, dass sie vermöge der Ueberraschung die Bewegung der Lebensgeister ändert und die mit ihr verbundenen Leidenschaften steigert. Wenn Desc. aber der admiratio keine selbstständige Erregung und keine Veränderung im Blute zuschreibt, welche allein doch das Eigenthümliche einer Leidenschaft ausmacht, sondern eine Veränderung im Gehirn, wo sich nach ihm Sinnesorgane für diese Kenntniss befinden, so liegt auch kein Grund vor, sie zu den Leidenschaften zu zählen. Denn wenn sie auch durch Verbindung mit den Gefühlen diese steigert und erhöht, so kann sie doch nur als Bedingung eines intensiven Gefühls, nicht aber als solches selbst bezeichnet werden.

Es tritt daher sowohl in der von Desc. angegebenen Zahl der einfachen Leidenschaften, wobei er, wie ich unten zeigen werde, irrthümlich auch Liebe und Hass zu den

---

[2] Vergl. Eth. pars IV. prop. 9—13.
[3] Vergl. Kritik der praktischen Vernunft. S. 26, Anmerkung 1 zu Lehrsatz II. Vergl. Johannes Müller: Physiologie des Menschen 3. Aufl. B. II. S. 539: Alle Leidenschaften lassen sich auf Lust, Unlust und Begierde zurückführen und in allen wiederholen sich als Elemente Vorstellungen des Selbsts oder Eigenlebens, Vorstellungen der dem Eigenleben entgegengesetzten, dasselbe hemmenden oder erweiternden Grössen, Selbsterhaltungsstreben und Hemmung oder Förderung desselben. Vergl. auch Lotze: Medicinische Psychologie S. 268. Hartmann: Philosophie des Unbewussten 2. Ausg. S. 202, wo die Gleichheit aller Lust- oder Unlustgefühle inductiv nachgewiesen wird.

einfachen Leidenschaften zählt, als auch in seiner Auffassung der Bewunderung die Mangelhaftigkeit seiner Lehre von den Gefühlen gegenüber der seines grossen Nachfolgers deutlich genug hervor.

Freilich hat Kant die Bewunderung anders aufgefasst, und er sagt in seiner Anthropologie: „Wer hingegen mit forschendem Blicke die Ordnung der Natur, in der grossen Mannigfaltigkeit derselben, nachdenkend verfolgt, geräth über eine Weisheit, deren er sich nicht gewärtig war, in Erstaunen, eine Bewunderung, vor der man sich nicht losreissen kann", wobei er aber bemerkt, dass „dieser Affekt nur durch die Vernunft angeregt wird und eine Art von heiligem Schauer ist" [4]. Auch spricht er von der Achtung in derselben Weise, wenn er in seiner Grundlegung zur Metaphysik der Sitten sagt: „Wenn Achtung gleich ein Gefühl ist, so ist es doch kein durch Einfluss empfangenes, sondern durch einen Vernunftbegriff selbstgewirktes Gefühl und daher von allen Gefühlen der erstern Art, die sich auf Neigung oder Furcht bringen lassen, specifisch verschieden" [5]. Auch ist es gewiss als einen grossen Mangel in Sp's Lehre der Gefühle anzusehen, dass er die besonderen Arten der Gefühle nicht behandelte und das wahre Element der moralischen und religiösen Gefühle, wie die der Reue, der Pflicht, des Rechtes u. s. w. verkannte. Die Cartesische Definition aber, weil er von der existimatio spricht, die sich mit der admiratio verbindet, als eine Anticipation der religiösen und sittlichen Gefühle aufzufassen, welche Achtungsgefühle genannt werden, liegt meines Erachtens kein triftiger Grund vor, und zwar schon deshalb nicht, weil meines Wissens Jacobi der erste war, der die Religion und den Glauben als im menschlichen Gemüthe wurzelnd entdeckte, und auch die sonstige Behandlung Desc's der admiratio keinen Anhaltspunkt für eine solche Annahme bietet. Die aus der Verbindung mit der admiratio entstehenden Gefühle, wie veneratio, devotio u. a. finden ja auch bei Sp. Berücksichtigung.

---

[4] Kant: Antropologie (§ 76.)
[5] Kant: Grundlegung zur Metaphysik der Sitten. (S. 19.) Vergl. auch Kritik der praktischen Vernunft drittes Hauptstück: Von den Triebfedern der reinen praktischen Vernunft.

Liebe und Hass.

Wenn eine Definition vollkommen sein soll, so muss sie, sagt Sp., das innerste Wesen der Sache darlegen und sich hüten, statt dessen gewisse Eigenthümlichkeiten zu benutzen. Eine Definition, die nur eine Eigenthümlichkeit (proprium) der Sache angiebt, drückt das Wesen der Sache nicht aus. Auch können die Eigenthümlichkeiten einer Sache nicht erkannt werden, so lange ihr Wesen nicht erkannt ist. Handelt es sich daher um eine erschaffene Sache, so muss deren Definition die nächste Ursache der Sache enthalten und so sein, dass deren Eigenthümlichkeiten aus ihr gefolgert werden können. Bei den Definitionen der Liebe und des Hasses hat uns Descartes einen Beweis geliefert, wie tief begründet die Vorschriften Spinoza's bezüglich einer vollkommenen, das Wesen der Sache ausdrückenden Definition sind. Desc. hat nämlich eine Eigenthümlichkeit der Liebe als die Liebe selber definirt. Es folgte aber aus dieser falschen Definition, dass er das Wesen der Liebe verkannte und diese und ihr Gegentheil, den Hass, zu den primitiven Gefühlen zählte, während Sp. ihnen die Primitivität nahm und sie ihrem Wesen nach unter die Besonderungen der Affekte der Fröhlichkeit und Traurigkeit brachte.

Gleichwohl verstand auch Desc., die Wirkungen (effectus) der Liebe von ihrem Wesen zu sondern. So sagt er, dass die Unterscheidung zwischen der wohlwollenden und begehrlichen Liebe nur die Wirkungen und nicht das Wesen der Liebe trifft[2]). Allein trotz seinem Bestreben konnte er doch nicht das eigentliche Wesen der Liebe angeben, sondern fasste deren Eigenthümlichkeit als die Liebe selber auf. Was ist Liebe? Dabei wird nicht gefragt: Was wir fühlen, wenn wir einen Gegenstand lieben; denn es wird dabei gar Vieles und Verschiedenartiges gefühlt, weil aus der Liebe Vieles folgt, Folgen, welche sogar klarer und deutlicher ins Bewusstsein des Liebenden treten, als

---

1) De intellectus emendatione tractatus. Ausgabe Bruder. S. 36. XIII. 95.
2) Passiones animae art. 81.

das eigentliche Gefühl der Liebe selbst. Denn die Gefühle sind in ihrem Ursprunge dunkel und verworren und treten erst durch ihre Folgen zu Tage. So kann man sagen: Bei der Liebe wird verlangt nach der Gegenwart des geliebten Gegenstandes und nach dessen Wohle und Lust gestrebt. Wollte man aber die Liebe so definiren, so wäre die Definition ebenso wenig richtig, wie wenn man den Zorn durch die ihn begleitenden organischen Bewegungen, Zusammenballen der Faust u. s. w. definiren wollte. Diese Bewegungen der Glieder sind ja aber nur Aeusserungen des Zornes, während das eigentliche Wesen dessen das aus dem Hasse folgende Begehren ist, dem Gehassten ein Uebel zuzufügen. Wenn aber der Zorn ein aus zwei Affekten zusammengesetzter ist und daher ohne ein Begehren nicht gedacht und definirt werden kann, so muss die Liebe als Gefühl auch ohne das Streben nach der Gegenwart und dem Wohle des Geliebten definirt werden; denn wenn die Liebe auch gewöhnlich das Wohl des Geliebten im Auge hat und sich darüber freut, so ist dies nur eine Eigenthümlichkeit und nicht das Grundwesen der Liebe, welches wir erst durch die Kenntniss der Ursache erkennen.

Wollen wir daher jedes Begehren, das nur eine Folge der bereits vorhandenen Liebe ist, von dieser absondern und nur das eigentliche Wesen der Liebe bestimmen, so können wir sie zunächst mit Desc. als eine durch eine äussere Ursache entstandene Erregung in der Seele, die sie reizt, ihren Willen mit einem ihr convenirenden Gegenstande zu verbinden (se jungere voluntate), definiren, welche Vereinigung des Willens aber nicht ein auf die Zukunft sich beziehendes Verlangen, sondern die Zustimmung (consensus)[3]) ist, durch welche man sich mit dem geliebten Gegenstande verbunden erachtet. Diese Cartesische Definition der Liebe wird von Sp. schlechthin verworfen. Sp. sagt: „Die Definition jener Schriftsteller (womit wahrscheinlich Desc. gemeint ist), welche die Liebe als den Willen des Liebenden, sich mit dem geliebten Gegenstande zu vereinigen, bestimmen, drückt nicht das Wesen der Liebe,

---

3) Ibid. art. 79. 80.

sondern deren Eigenthümlichkeit aus"⁴). In Wahrheit giebt die Cartesische Definition nicht das Was der Liebe an; denn die Zustimmung, durch welche man sich mit dem geliebten Gegenstande verbunden erachtet, drückt weder ein Gefühl, noch ein Begehren aus, während die Liebe doch eins von den beiden enthalten muss. Desc. aber, der die Liebe für ein primitives Gefühl hielt, sah sich genöthigt, von ihr eine solche Definition zu geben, in der die anderen primitiven Leidenschaften, von denen die Liebe unabhängig ist, nicht enthalten sind. Es entstand daher diese Definition, die das Wesen der Liebe nicht erkennen lässt. Auch bedarf diese Definition einer besondern Erklärung, um in ihr eine Eigenthümlichkeit der Liebe zu finden. „Wenn ich sage, sagt Sp., in dem Liebenden sei das Eigenthümliche, dass er sich mit dem geliebten Gegenstande verbinden wolle u. s. w., ich unter diesem Wollen nur jene Befriedigung (acquiescentiam) verstehe, welche in dem Liebenden wegen der Gegenwart des geliebten Gegenstandes vorhanden ist und durch welche dessen Fröhlichkeit gestärkt oder mindestens genährt wird"⁵). Wollte man daher unter der Cartesischen Definition der Liebe, da sich Desc. gegen jede Missdeutung seiner Definition als Verlangen verwahrte, diese von Sp. angegebene Befriedigung des Liebenden u. s. w. verstehen, so wird diese der Differenzpunkt zwischen Sp. und Desc. bezüglich der Definition der Liebe sein. Aber schon abgesehen davon, dass diese Befriedigung doch nur eine Eigenthümlichkeit der Liebe ist, ist doch die Frage: welches Gefühl giebt denn diese Befriedigung ab? Doch kein anderes als ein Lustgefühl, eine Fröhlichkeit; denn durch die Gegenwart des geliebten Gegenstandes wird die Fröhlichkeit genährt und gestärkt.

Die Liebe ist demnach kein besonderes Gefühl, kein primitives, sondern eine Fröhlichkeit, und das Wesen der Liebe besteht nicht in einem besondern Gefühle, sondern in der Vorstellung, von der das Gefühl begleitet ist, wie

---

4) Illa vero auctorum, qui definiunt, „amorem esse voluntatem amantis se jungendi rei amatae", non amoris essentiam, sed ejus proprietatem exprimit etc. Affect. def. VI. explic. Vergl. Trendelnburg Beiträge B. III. S. 338.
5) Cum dico proprietatem esse in amante, se voluntate jungere rei amatae, me per voluntatem non intelligere consensum etc.: sed per voluntatem me acquiescentiam intelligere, quae est in amante ob rei amatae praesentiam, a qua laetitia amantis corroboratur aut saltem fovetur. ibid.

sie auch von Sp. definirt wird⁶). Denn es ist bereits dargelegt worden, dass die Fröhlichkeit oder Traurigkeit nach Sp. die Zu- oder Abnahme der Vollkommenheit, der Macht des Menschen sind, welche durch eine Ursache vermehrt oder vermindert wird. So wie Sp. daher die Begriffe der Fröhlichkeit und Traurigkeit bildete, indem er die aus dem natürlichen Streben entspringende Veränderung in der menschlichen Seele mit diesen Worten bezeichnete, so bildete er auch die Begriffe, die er Liebe und Hass nannte, indem er das Gefühl mit der Vorstellung als Ursache verband.

Ist nämlich ein Gefühl von der Vorstellung des Gegenstandes, der dieses Gefühl erweckt, begleitet, so heisst es **Liebe** oder **Hass**, je nachdem das Gefühl eine Traurigkeit oder Fröhlichkeit ist. Und da, wie oben erwähnt, auch das Subject durch Selbstbeobachtung die nächste Ursache eines Gefühls sein kann, so kann auch von einer Selbstliebe und einem Selbsthasse gesprochen werden, wie es auch bei Sp. geschieht⁷), und zwar nicht von einem Selbsthasse im gewöhnlichen Sinne, sondern von einem traurigen Gefühle, dessen Ursache das Subject selber ist.

Es wäre aber falsch, wollte man glauben, dass Sp. seinem Begriffe der Liebe oder der Liebe überhaupt Vieles wirklich abspricht, was man gewöhnlich als mit der Liebe unzertrennlich erkennt, wie z. B. die Lust an der Lust des Geliebten, wie Leibnitz die Liebe definirt⁸); denn Sp. sagt: „Aus jeder Definition folgen viele Eigenthümlichkeiten"⁹) und spricht von Eigenthümlichkeiten der Liebe, die nothwendig aus ihr folgen, und die also auch die Liebe sind. So sagt er, dass die Befriedigung in dem Liebenden wegen der Gegenwart des Geliebten eine nothwendige Eigenthümlichkeit der Liebe ist, ohne welche die Liebe nicht sein kann¹⁰).

---

6) Amor est laetitia, concomitante idea causae externae. ibid.
7) Affect. def. 28.
8) Amare sive diligere est felicitate alterius delictari. Codex juris gentium diplomaticus. Auch Locke bemerkt, dass Liebe und Hass zu Wesen, die des Glückes oder Unglückes fähig sind, meist der Aerger oder das Vergnügen sind, die in uns aus der Betrachtung von deren Dasein und Glück entstehen. Vergl. Versuch über den menschlichen Verstand. B. II. cap. 20, § 4. 5.
9) .. ex data cujuscunque rei definitione plures proprietates intellectus concludit, quae revera ex eadem necessario sequuntur. I. prop. 16.
10) Vergl. Affect. def. VI. explic., woraus zu ersehen ist, dass die Befriedigung, obwohl nicht zur Definition, doch zu den nothwendigen Eigenthümlichkeiten der Liebe gehört. Vergl. auch III. prop. 13. schol.: „Videmus deinde, quod ille, qui amat, necessario conatur rem, quam amat, praesentem habere et conservare; et contra etc. — III. 29 demonst.: Ex

Auch gehört nach Sp. die Lust an der Lust des Geliebten zu den Eigenthümlichkeiten der Liebe, welche er aber nicht Liebe, sondern Mitleid nennt, weil er die Eigenthümlichkeiten oder, wie er sie auch in einigen Stellen nennt, Wirkungen[11]) der Liebe mit besonderen Namen zu bezeichnen sucht, um durch diese Namen ihren Charakter als Wirkungen auszudrücken. Sollten aber alle die Eigenthümlichkeiten einer Sache in der Definition der Sache selber ausgedrückt werden, so müsste z. B. die Definition des Kreises alle aus ihm folgenden Lehrsätze mit angeben, und die Liebe z. B. auch als die Ueberschätzung, welche zu deren Wirkungen gehört, definirt werden.

Dagegen gehört die Begierde, in der Gegenwart des geliebten Gegenstandes zu verharren und mit ihm, wenn er abwesend ist, sich zu verbinden, nicht zu den nothwendigen Eigenthümlichkeiten der Liebe, da sie ohne diese und andere Begierden gedacht werden kann. Die verschiedenen Arten der Liebe zeigen auch, dass diese auch ohne die aus ihr folgenden Begierden vorhanden sein kann. So kann z. B. die Liebe zum Vaterlande auch in dem Herzen eines von ihm Entfernten schlagen, ohne dass er danach strebt, in demselben zu weilen. Auch kann von einer Liebe zu Freunden, ja sogar zu Kindern in einem solchen Falle gesprochen werden, wo nach deren Gegenwart nicht gestrebt wird, und nicht gestrebt werden kann. Diese und noch andere Arten der Liebe unterscheiden sich daher nur hinsichtlich der Objecte der ihre Gefühle begleitenden Vorstellungen, welche verschiedene Gegenstände auch verschiedene Grade der Liebe erwecken und Mannigfaltiges daraus folgen lassen. Das allen Arten der Liebe zu Grunde Liegende und Gemeinsame hingegen ist die Fröhlichkeit, welche mit der Vorstellung des sie verursachenden Gegenstandes verbunden ist. Die Affekte der verschiedenen Individuen unterscheiden sich vielmehr von einander, und zwar in sofern, als die Natur der Individuen und die Objecte, auf die deren Affekte bezogen

---

eo, quod imaginamur homines aliquid amare vel odio habere etc., hoc est, eo ipso ejus rei praesentia laetabimur vel contristabimur, wobei Sp. aber, obwohl er sich nirgends darüber deutlich ausspricht, nicht von dem Wesen, sondern von den Eigenthümlichkeiten der Liebe spricht.

11) Est itaque existimatio amoris et despectus odii effectus sive proprietas. Affect. def. 22. explic.

werden, verschieden sind. Die Gattin und das Kind z. B. sind beide Gegenstände der Liebe. Die Liebe ist jedoch ihrer Natur nach eine andere zur ersteren, eine andere zum letztern und wieder eine andere zu den Eltern[12]), zu Gott und zur Wahrheit, welche Arten aber Sp. alle unter einen Begriff der Liebe und durch eine Definition ausdrücken wollte. Diese Definition nun, da sie auch die intellectuelle Liebe enthalten sollte, konnte, abgesehen von dem oben erwähnten Grunde, schon deshalb nicht die Liebe als die eigene Lust an der Lust des Geliebten bestimmen, weil diese eingeschränkte Definition für die intellectuelle Liebe, bei der die letztere Bestimmung, die Lust des Geliebten, fehlt, nicht ausreicht. Die Definition musste daher allgemeiner gefasst werden, um auch die intellectuelle Liebe auszudrücken[13]).

Aus dem Vorangehenden ist zu ersehen, dass Sp., die Liebe auf Lust und Fröhlichkeit reducirend, die primitive Quelle derselben in dem egoistischen Princip erkennt. Die Liebe kann allenfalls auch solche Folgen haben und durch Gewohnheit und Umgang mit dem geliebten Gegenstande zu einer solchen Hingebung und Aufopferung für den Geliebten führen, dass ihr egoistischer Ursprung und ihr eigentliches Element unerkennbar wird. Versucht man aber diese Wirkungen der Liebe rückwärts zu verfolgen und in die dunkle Tiefe unseres Herzens, wo die Gefühle entspringen, hinabzusteigen, so wird uns der Born der eigenen Lust und des Angenehmen, aus dem die Gefühle hervorgetrieben werden, nicht entgehen. Man wird leicht finden, dass nur die Vereinigung unserer Lust mit dem Bilde eines Gegenstandes als deren Ursache der Anfang aller Liebe und Freundschaft ist, der bei günstiger Entwickelung auch solche Wirkungen haben kann, bei denen der Egoismus in den Hintergrund tritt. Die als Bedingung zur Entstehung der Liebe erforderliche Lust kann verschiedener Art, sowohl sinnlicher, als intellectueller sein, ohne eine Lust aber kann keine Liebe entstehen, wie aus dem

---

12) Quamvis itaque magna sit differentia inter hunc et illum amoris, odii vel cupiditatis affectum, ex. gr. inter amorem erga liberos et inter amorem erga uxorem etc. III. prop. 56. schol.

13) Ex tertio cognitionis genere oritur necessario amor dei intellectualis. Nam ex hoc cognitionis genere oritur laetitia concomitante idea dei, tanquam causa, hoc est, amor dei non quatenus ipsum ut praesentem imaginamur, sed. etc. V. prop. 32. coroll.

leichten Umschlagen der Liebe in Gleichgültigkeit und Hass, wenn der geliebte Gegenstand aufgehört hat, die Ursache unserer Lust zu sein oder uns Unlust bereitet, deutlich zu sehen ist.

Es giebt daher nach Sp. weder eine interessirte Liebe, noch eine mataphyisische, wie Schopenhauer behauptet; ja, der hohe Grad der geschlechtlichen Liebe, wo der Liebende an nichts Anderes, als an die Geliebte denkt, wird vielmehr von Sp. in einigen Stellen als Wahnsinn bezeichnet.

Auch wird die Liebe zu einem Gegenstande, der keine Ursache dafür zu bieten scheint und die gewöhnlich Sympathie genannt wird, von Sp. dadurch erklärt, dass solche Gegenstände entweder eine verborgene Aehnlichkeit mit den von uns geliebten Gegenständen haben oder überhaupt durch Zufall die Ursache einer Fröhlichkeit in uns sind[14]).

Es ist ferner zu bemerken, dass Sp. bei seiner Definition der Liebe als der eigenen Lust oder Fröhlichkeit nur von einer solchen Lust spricht, die ursprünglich positiv ist und nicht auf der Befriedigung eines vorhergegangenen Begehrens beruht. Eine solche Lust, wenn sie mit dem Bilde ihrer Ursache verbunden ist, erzeugt die reine Liebe, welche positive Fröhlichkeit ist. Die Lust dagegen, die aus der Befriedigung einer Begierde folgt, ist nicht positiver Natur und kann demnach nach Sp. nicht zu den primitiven Lustgefühlen gerechnet werden. Denn Alles, was aus dem Begehren folgt, gehört zu den Affekten des Begehrens, dessen Befriedigung nicht immer eine Liebe zum betreffenden Gegenstande zur Folge hat. Sp. sagt überhaupt, dass alle Affekte aus einem von den drei primitiven entspringen[15]), woraus doch zu ersehen ist, dass eine aus der Befriedigung einer Begierde folgende Fröhlichkeit keine primitive, welche die Liebe erzeugt, sondern ein Begehren ist. Wenn aber Sp. die fünf Hauptbegierden mit amor

---

14) III. prop. 15. schol. Aehnlich suchte Desc. den besondern Widerwillen, den Manche gegen den Rosengeruch oder die Katzen oder Aehnliches haben, dadurch zu erklären, dass vielleicht dieser Mensch im Beginn seines Lebens oder noch als Leibesfrucht durch einen ähnlichen Gegenstand verletzt worden, ohne dass eine Erinnerung davon zurückgeblieben wäre, obgleich die Vorstellung des damaligen Widerwillens gegen die Rosen oder die Katze bis an sein Lebensende dem Gehirn eingedrückt bleibt. Passiones animae art. 136.
15) Caeterum ex definitionibus affectuum liquet, eos omnes a cupiditate, laetitia vel tristitia oriri, seu potius nihil praeter hos tres esse. Affect. def. 48. explic.

definirt, so versteht er darunter nicht die von ihm als Fröhlichkeit definirte Liebe, sondern er bedient sich dabei des leichteren Verständnisses halber der gewöhnlichen Ausdrucksweise, in der durch Liebe auch die Begierde bezeichnet wird.

Ich glaube durch diese Bemerkung den Sp. gemachten Vorwurf, dass nach seiner Definition der Liebe auch leblose Dinge von uns geliebt werden müssen, weil deren Genuss uns eine Lust bereitet, welcher übrigens auch Locke trifft, beseitigt zu haben. Denn die Liebe muss, wie gesagt, vor allem Begehren da sein, um im Sinne Spinoza's diesen Namen zu verdienen. Ein lebloses Ding aber bereitet uns nur in so fern Lust, als es unser Begehren danach stillt; bei einem Mangel an einem solchen hingegen wird uns dessen Gegenwart auch keine Lust bereiten. Uebrigens ist ja die Liebe nach Sp. die Fröhlichkeit an der Gegenwart eines Gegenstandes und nicht an dessen Verzehren; wo daher die Liebe nach dessen Untergange strebt, kann von einer Liebe im Sinne Sp's nicht die Rede sein.

Der Hass (odium) als Gegentheil der Liebe wird von Sp. ebenfalls nicht als ein primitives Gefühl, sondern als Traurigkeit, begleitet von der Vorstellung der Ursache derselben definirt. Wenn Desc. aber den Hass als eine Gemüthsbewegung definirt, welche die Seele zu dem Verlangen treibt, sich von den für schädlich gehaltenen Dingen zu trennen, so hat er das aus dem Hasse folgende Begehren und nicht diesen selber bestimmt. Dieses und derartige Bestrebungen sind Eigenthümlichkeiten oder Wirkungen des Hasses. Dieser selber muss ohne alle Beimischung seiner Wirkungen definirt werden. Auch giebt es nach Sp. ebenso viel Arten des Hasses, als es Arten der Gegenstände giebt, von deren Vorstellung die Traurigkeit begleitet wird; das Wesen aller dieser Arten aber ist die Traurigkeit, die jedem Hasse zu Grunde liegt.

Die citirte Cartesische Definition des Hasses, wie auch dessen Behauptung, dass es nicht so viele Arten des Hasses wie der Liebe giebt [16]), bestätigt meine Behauptung, dass

---

16) Passiones animae art. 79. Im kurzen Trakt., wo Sp. noch die Folgen als das Wesen der Liebe definirt, sagt er, dass aus dem Hasse, der eine Entrüstung der Seele gegen Jemand ist, der uns mit Wissen übel gethan hat, die Unlust entspringt, und, wenn der Hass gross ist, der Zorn. Jener

Desc. die Erregungen der Seele so zu beschreiben suchte, wie sie dem Selbstbeobachter im Gemüthe erscheinen; denn wir werden in unserem Gemüthe nie einen reinen Hass ohne Beimischung eines Begehrens, uns von dem Gegenstande zu trennen, ihm Unlust zuzufügen u. s. w. antreffen, Wünsche, die nothwendig aus dem Gefühle des Hasses hervorgehen. Auch fühlt man kein besonderes Gefühl des Hasses bei den besonderen Uebeln, von denen man sich trennen möchte, wie es bei der Liebe der Fall ist, wo man für die verschiedenen Gegenstände der Liebe von besonderen Gefühlen erfasst zu sein glaubt, und die Descartes in fünf Hauptarten eintheilt[17]). Sp. hingegen, von dem Satze ausgehend, dass die Natur eines jeden Zustandes durch den Gegenstand ausgedrückt wird, von dem der Zustand herrührt, musste consequenterweise den Lehrsatz aufstellen, dass es ebenso viel Arten eines jeden Affektes giebt, als Arten der Gegenstände, von denen man erregt wird[18]).

Die Eigenthümlichkeiten (proprietates) der Liebe und des Hasses.

Aus den Definitionen der Liebe und des Hasses gehen nothwendig viele Folgen hervor, welche als deren Eigenthümlichkeiten anzusehen sind. Zunächst folgt, dass der Liebende sich in der Gegenwart des Geliebten beruhigt und befriedigt fühlt, dass dessen Fröhlichkeit und dessen Liebe dadurch gestärkt oder mindestens genährt wird, (corroboratur aut saltem fovetur) und dass umgekehrt der Hassende durch die Gegenwart des Gehassten mehr beunruhigt, d. h. dessen Traurigkeit zunehmen wird. Denn die menschliche Seele strebt in Folge des natürlichen Strebens nach grösserer Vollkommenheit, sich solche Vorstellungen zu vergegenwärtigen, die ihre Macht vermehren, d. h. die ihr Fröhlichkeit bereiten, und umgekehrt strebt

---

strebt dem Gehassten zu entgehen, dieser dasselbe auch zu vernichten. II. c. 6.
[17]) Ibid. art. 82.
[18]) III. prop. 56.

sie, die Vorstellungen, die ihrer Natur und ihrem Streben entgegen sind und ihr Traurigkeit zuführen, von dem Kreise ihrer Vorstellungen auszuschliessen¹). Die Gegenwart des Geliebten, unter welcher aber auch die bildliche Gegenwart zu verstehen ist, stützt daher das natürliche Streben, während die Gegenwart des Gehassten dasselbe hemmt. Die Seele wird folglich an den Geliebten gern denken und die Gedanken vom Gehassten abwenden, weil so oft die Seele sich nur mit den ihr Fröhlichkeit bereitenden Gedanken beschäftigt, sie mit sich selber einig ist; so oft aber ihre Gedanken ihr schädliche Elemente enthalten, sie sich entzweit und gleichsam im Kampfe fühlt.

Diese Folgen der Liebe und des Hasses werden aber von Sp. nicht, wie die anderen Eigenthümlichkeiten derselben, mit besonderen Namen bezeichnet, weil in dieser Folge keine neue Vorstellung enthalten ist. Sp. aber bezeichnet nur diejenigen Folgen mit besonderen Namen, bei denen dieser neue Begriff aus mehr Merkmalen besteht, als der erste, aus dem er folgt. Die Fröhlichkeit hingegen über das Gedeihen des Geliebten und die Traurigkeit über sein Leid und umgekehrt die Freude an der Schwäche und die Besorgniss wegen der Wohlfahrt des Gehassten, welche auch Folgen der Liebe und des Hasses sind, werden von Sp. als neue Begriffe hingestellt, indem zum eigentlichen Wesen der Liebe und des Hasses ein neues Merkmal hinzutritt, nämlich der Zustand des geliebten und des gehassten Gegenstandes, der in diesen neuen Begriffen enthalten ist. Diese beiden Begriffe nennt Sp. Mitleid und Neid.

Mitleid*), commiseratio.

Obwohl die Liebe in ihrem Ursprunge und ihrem Wesen nach nur die eigene Lust ist, so folgt aus ihr auch die Lust an der Lust des Geliebten und die Unlust an dessen Unlusst. Denn die Seele strebt nach der Vermeh-

---

1) III. prop. 12. 13.
*) Trendelnburg (Beiträge III. S. 343) hat richtig bemerkt, dass der kurze Traktat II. c. 14 nicht Mitleid, sondern Bedauern behandelt.

rung der Macht ihres Körpers, welcher Uebergang zur grösseren Vollkommenheit in der Seele Fröhlichkeit erweckt; die Seele strebt mithin, sich Das vorzustellen, was sie liebt, weil der geliebte Gegenstand dem Körper Lust und der Seele Fröhlichkeit bereitet. Je vollkommener aber und je mehr Realität der Gegenstand der Liebe enthält, desto mehr Lust und Fröhlichkeit wird er uns zuführen, weil die Quantität einer Wirkung von der Grösse ihrer Ursache abhängt. Der Mensch wird sich daher an der Zunahme der Macht seines Geliebten unwüllkürlich freuen und danach streben, d. h. die Vermehrung der Macht seines Geliebten wird seinem natürlichen Streben nach Selbsterhaltung entsprechen. Umgekehrt aber wird die Verminderung von dessen Macht seinem Streben entgegensein, d. h. ihm Unlust und Traurigkeit verursachen, da wegen der Schwäche des Geliebten auch die von ihm herrührenden Lust und Fröhlichkeit in dem Liebenden geringer werden. Sp. stellt daher den Satz auf: „Wer das, was er liebt, sich vorstellt als von Fröhlichkeit oder Traurigkeit erfüllt, wird ebenfalls von denselben Affekten erfasst werden, und zwar wird die Quantität eines solchen Affektes in dem Liebenden der des Geliebten entsprechen."[1]) Wir sehen auch, dass wir uns an der Gegenwart eines leidenden und schwachen Freundes weniger ergötzen, als an der Gegenwart eines lebenskräftigen, muntern und hoffnungsvollen, indem der traurige Zustand unseres Freundes uns den Genuss der Freundschaft vergällt. Diese besondere Theilnahme ist nach Sp. natürlich und unwillkührlich, keinesfalls aber eine uninteressirte und ideale. Der Geliebte wird zwar von Sp. zu einem Theile des Liebenden erhoben, wodurch alle seine Zustände, wie die eigenen, empfunden und gefühlt werden. Aber nur die Selbsterhaltung, das eigene Gedeihen und die eigene Lust ist dabei im Spiele.

Wir werden auch streben, von unserem Freunde Alles zu bejahen, was zu seinen Gunsten und seiner Vollkommenheit ausfällt, d. h. aus unserem natürlichen Streben folgt, dass wir an dem Freunde nur Vorzüge entdecken und derartigen Aussagen von ihm Glauben schenken, so

---

1) III. prop. 21.

wie wir von uns Alles zu bejahen streben, was unsere Vollkommenheit setzt.

Zwar glauben wir, diese Erscheinungen verständig begründen zu können und, nach deren Ursache gefragt, werden wir vielleicht auch solche Gründe ausklügeln; diese Gründe sind aber ebenso wenig wahr, wie die Rechtfertigung des Geizigen, der seinen natürlichen Hang zum Gelde, des Ehrgeizigen, der seine Ruhmsucht und des Trunkboldes, der seine Begierde nach Getränken entschuldigt.

Es ist oben bereits erwähnt, dass wir in die verborgenen Quellen unserer Affekte nicht leicht hineinschauen können, und dass wir für unsere Gefühle, deren wir uns bewusst sind, auch bewusste Gründe aufweisen zu können glauben; in Wahrheit aber streben wir nicht nach Etwas, weil es gut ist, sondern die Dinge gefallen uns deshalb, weil sie unserem Streben fröhnen. So verhält es sich auch mit dem Mitgefühl mit unserem Freunde. Wir werden es durch unsere Güte, Selbstlosigkeit, wahre Menschenliebe begründen wollen. Aber wird der Freund in einen Feind verwandelt, d. h. bereitet er uns Traurigkeit statt Fröhlichkeit, so werden wir an demselben lauter Mängel und Gebrechen entdecken; wir werden sofort eine andere Meinung von ihm fassen, mit Verachtung auf ihn herabsehen und ihn erst jetzt erkannt zu haben glauben. Dieser Umschlag in uns wird aber ebenso wenig aus Schlechtigkeit, wie unsere frühere Theilnahme aus Herzensgüte geschehen ist, sondern beide sind Folgen unseres natürlichen Strebens, uns zu erhalten.

Aus der Traurigkeit wegen des Uebels des Geliebten bildete Sp. einen neuen Begriff, den er mit **Mitleid** bezeichnet. Dagegen fand Sp. in der lateinischen Sprache keinen passenden Ausdruck für die Freude des Liebenden an dem Wohle des Geliebten, also die Mitfreude. Dieser neue Begriff enthält ein Merkmal mehr als die Liebe, indem die Traurigkeit des Mitleidenden nicht von der blossen Vorstellung des Geliebten, sondern auch von der Vorstellung des Leides desselben begleitet ist.

Sp. versteht aber nicht unter Mitleid die Begierde, demselben Hülfe zu leisten und ihn von seinem Schmerze zu befreien. Dieser Antrieb folgt nicht unmittelbar aus der Liebe, sondern erst aus unserem Unlustgefühle, das der Anblick oder eine sonstige sinnliche Wahrnehmung eines Leidens in uns erweckt, und er gehört als solcher in das Gebiet des Begehrens.²)

Der neue Begriff, den Sp. durch Mitleid Ausdruck giebt, müsste eigentlich als die Unlust, die aus dem Uebel des geliebten Gegenstandes entspringt, definirt werden. Sp. sagt auch, dass der oben angeführte Lehrsatz — der doch von der Fröhlichkeit und Traurigkeit an dem Zustande des geliebten Gegenstandes handelt — erklärt, was das Mitleiden ist.³) Da man aber nicht bloss mit dem Gegenstande der Liebe, sondern auch mit einem uns sonst gleichgültigen aber ähnlichen Gegenstande Mitleid hat, so definirt Sp., um nicht diese Art des Mitleidens besonders bezeichnen zu müssen und zu sehr von der gewöhnlichen Bedeutung dieses Wortes abzuweichen, seinen Begriff des Mitleidens als die Traurigkeit, welche aus eines Anderen Schaden entsprungen ist. Sp. sagt nämlich: „Wenn wir uns vorstellen, dass ein uns ähnlicher Gegenstand, für den wir keinen Affekt gehegt haben, mit einem Affekt erfüllt worden, so werden wir mit dem gleichen Affekt erfüllt."⁴) Denn die Zustände unseres Körpers enthalten zugleich unsere Natur und die Natur der uns gegenwärtigen Gegenstände. Wir können daher durch die Vorstellung eines Gegenstandes, der von einem Affekte erfasst ist, nicht unerregt bleiben, weil diese gegenwärtige Vorstellung auch in der gegenwärtigen Verfassung unserer Seele enthalten ist. Es bedarf demnach nach Sp. keiner vorhandenen Liebe für einen Gegenstand, um ihn zu bemitleiden. Um also auch die Nachfolge oder die Nachahmung (imitatio) der Traurigkeit ähnlicher Gegenstände, die uns natürlich nicht immer und nicht in einem solchen Grade erregen, wie geliebte Gegenstände, durch Mitleid auszudrücken, musste die Definition des Mitleides allgemeiner gefasst werden.

Sp. definirt also mit Desc. das Mitleid als eine Unlust, aber nicht als ein aus Lust und Unlust gemischtes

---

2) Rem, cujus nos miseret, a miseria, quantum possumus, liberare conabimur. Haec voluntas sive appetitus benefaciendi, qui ex eo oritur, quod rei, in quam beneficium conferre volumus, nos miseret, benevolentia vocatur, quae proinde nihil aliud est, quam cupiditas ex commiseratione orta. III. prop. 27. coroll. 3 et schol.
3) III. prop. 22. schol.
4) Ib. 27.

Gefühl, wie es bei Vielen geschieht.⁵) Es ist zwar möglich, dass Sp. diese Beobachtung, wie noch viele andere, entging, und zwar um so mehr, als bei feinfühligen Gemüthern, zu denen doch Sp. ohne Zweifel gehörte, die Unlust beim Mitleide so intensiv ist, dass der zugleich vorhandene geringe Grad von Lust gar nicht in's Bewusstsein gelangt. Da aber Sp. die Beobachtung gemacht hat, dass die Menschen die Glücklichen beneiden und die Elenden bemitleiden, wodurch doch die Möglichkeit geboten wird, dass das Mitleid in einem gewissen Falle den Neid auf dieselbe Person beseitigt, und da Sp. auch sagt, dass die Freude an dem Uebel des Gehassten, welche nach ihm zum Neide gehört, nicht frei von einem Kampfe der Seele und nicht ohne Traurigkeit wegen des Leidens eines uns ähnlichen Gegenstandes, also nicht ohne Mitleid, sein wird, womit er doch fast ausdrücklich sagt, dass das Mitleid zugleich von einer Fröhlichkeit begleitet sein kann: so scheint es, dass seine Definition aus einem anderen Grunde, als aus dem Mangel an Erfahrung unvollständig geblieben ist. Sp. wollte nämlich nur den von ihm gebildeten Begriff der Traurigkeit als Folge der Liebe und nicht die Erscheinung des Mitleides im menschlichen Gemüthe definiren. Uebrigens ist die Lust beim Mitleide eine negative, da sie doch entweder aus dem Bewusstwerden des Freiseins von einem Uebel entspringt und also bloss ein Gefühl der Sicherheit ist, oder aus der Befriedigung des Neides, somit Schadenfreude ist, welche beide Arten der Fröhlichkeit doch nur negativer Natur sind, von Sp. darum nicht berücksichtigt werden, weil sie zu keiner grösseren Vollkommenheit führen.⁶)

Es verdient noch erwähnt zu werden, was Sp. hinzufügt, dass wir einen Gegenstand, den wir bemitleiden, deshalb nicht hassen, weil sein Elend uns mit Traurigkeit erfüllt; denn sonst müssten wir uns umgekehrt gegen die Voraussetzung an dessen Traurigkeit erfreuen,⁷) wobei aber Sp. seiner Definition des Hasses verletzt, wenn man

---

5) Vergl. Arist. Poët. c. 6., wo von dem Gefallen am Tragischen, das auf der Katharsis der Affekte des Mitleides und der Furcht beruht, gesprochen wird.
6) Vergl. Philosophie des Unbewussten S. 600. Ueberweg: Grundriss 2. Auflage. B. I. S. 155.
7) Rem cujus nos miseret, odio habere non possumus ex eo, quod ipsius miseria nos tristitia afficit. III. 27. coroll. II.

nicht annehmen sollte, dass er dabei von den Folgen des Hasses und nicht vom Hasse selber spricht.

Barmherzigkeit (misericordia).

Dass man nach Sp. das Mitleid als die Liebe und nicht blos als die Traurigkeit an dem Leiden, sondern auch als die Fröhlichkeit an dem Wohle des Andern, wie wir es bei Schopenhauer finden, definiren kann, geht auch daraus hervor, dass er die Barmherzigkeit, welche von ihm als die Liebe definirt wird, mit dem Mitleide identificirt. Er sagt nämlich: „Zwischen dem Mitleide und der Barmherzigkeit scheint nur der Unterschied zu bestehen, dass Mitleid den einzelnen, Barmherzigkeit aber den zur Gewohnheit gewordenen Affekt ausdrückt." Um diese Erklärung Sp's, wonach die Barmherzigkeit kein Gefühl, sondern das Potenzielle, den Charakter eines Menschen bezeichnet, aus dem eine stetige Theilnahme an dem Zustande seiner Mitmenschen fliesst, mit der Definition der Barmherzigkeit als Liebe in Einklang zu bringen, muss angenommen werden, dass Sp. unter dieser Liebe die allgemeine Menschenliebe, unter der gewöhnlich nicht das besondere Gefühl, sondern die humane Gesinnung verstanden wird. Da nämlich Sp. keine moralischen Gefühle im eigentlichen Sinne kennt und die Moral bei ihm nur auf den Vorschriften der Vernunft, die keine Gefühle erzeugt, beruht: so muss er die Barmherzigkeit als Gefühl auf das Mitleid zurückführen und sie als das zur Gewohnheit gewordene Mitleid bestimmen. Der barmherzige Mensch ist demnach derjenige, welcher bei jeder Gelegenheit mitleidig erregt wird, und die Barmherzigkeit drückt kein besonderes Gefühl aus, sondern eine solche Verfassung des Gemüthes, wodurch der Mensch das Wohl und Wehe seiner Mitmenschen mitfühlt[8]).

Neid (invidia).

So wie Sp. die nächsten Folgen der Liebe mit Mitleid und Barmherzigkeit bezeichnet, so bezeichnete er

---

[8] Vergl. Affect. def. 18. 24. Aehnlich wie Sp. die Barmherzigkeit, definirt Kant die Menschenliebe (philanthropie). Tugendlehre B. II. 26.

auch die Folgen des Hasses auf dem Gebiete des Gefühls mit einem besondern Namen und zwar mit Neid. Sind Liebe und Hass einander entgegengesetzt, so steht auch der Barmherzigkeit der Neid gegenüber. Bevor wir aber den Begriff, den Sp. an dieses Wort knüpft, definiren und betrachten, wie weit er von der gewöhnlichen Bedeutung dieses Wortes abweicht, müssen wir dieselbe zu erörtern versuchen. Zuvörderst aber ist zu fragen: was ist die Ursache des Neides, d. h. warum beneiden wir die Menschen, und ist der Neid eine Folge des Hasses oder nicht? Wir sehen zwar, dass, wo der eine ist, auch der andere angetroffen wird; die Frage ist aber, wem von diesen beiden die Priorität zuerkannt werden soll. Wir können nicht den Hass als die stetige Voraussetzung und Ursache des Neides ansehen, da die Erfahrung zeigt, dass der Hass keine nothwendige Bedingung des Neides ist, weshalb dieser auch unter Freunden und Liebenden zum Vorschein kommt; wohl aber wird von einem Hasse gesprochen, den der Neid erzeugt. Andererseits sehen wir, dass man auf einen Feind eher als auf einen Freund neidisch ist, dass durch die Erfahrung anderweitiger Mängel und Schäden, mit denen der von uns Beneidete behaftet ist, unser Neid oftmals gemildert oder gar gestillt zu werden pflegt, und dass wir nicht selten nur eine bestimmte Person um den Besitz eines Gutes beneiden, während derselbe Gegenstand in den Händen einer andern keinen Neid in uns erweckt, welche letztere Erscheinungen des Neides doch evident zeigen, dass diesem ein Hass zu Grunde liegt. Auf diese und andere sich mit einander nicht vertragenden Erscheinungen des Neides gestützt, glaube ich annehmen zu dürfen, dass es zweierlei Arten des Neides giebt, eine Art nämlich, die wirklich den Hass als Ursache hat, und eine, die ursprünglich ist und den Hass erst aus sich heraus erzeugt. Und will man diesen besondern Arten auch besondere sie kennzeichnende Namen geben, so kann die erste Art des Neides der persönliche, die zweite der sachliche Neid genannt werden.

Wir beneiden nämlich einen Menschen auf zweierlei Art. Wir beneiden ihn um den Besitz eines Gutes, an dessen Besitz wir uns erfreuen möchten. Bei diesem Neide, der übrigens auch der gewöhnliche ist, werden die Person des Besitzers und unsere persönlichen Beziehungen zu ihr gar nicht in Betracht gezogen. Wenn der Anblick einer Sache in uns eine Begierde nach deren Besitz erregt, so werden wir nach der Sache begehren und demnach deren Besitzer beneiden, gleichviel, ob wir ihm freundlich oder feindlich gesinnt sind, wenn nur unsere Liebe zu ihm nicht so weit gediehen ist, dass wir uns mit ihm ganz vereinigt fühlen. Dieser Neid aber wird sich nur so weit erstrecken, als die Begierde nach den Gütern reicht. Ein Fürst wird nur von Fürsten oder von hohen, ihm nahe stehenden Personen und nicht von Bürgerlichen um seine ruhmreichen Siege oder seine Krone beneidet, und der Bauer wird nie einen Humboldt um seine grossen Entdeckungen beneiden. Niemand wird überhaupt den, der nicht Seinesgleichen ist, um seine Tugenden oder Grösse beneiden, sondern ihn vielmehr bewundern und verehren, weil der Mensch nur nach einer solchen Vollkommenheit strebt, die aus seiner gegebenen Natur folgt. Nach solchen Tugenden aber, die seiner Natur fremd und der Natur eines andern eigenthümlich sind, wird der Mensch ebenso wenig streben und sich wegen deren Privation ebenso wenig betrüben, wie wegen der ihm abgehenden Höhe der Bäume und Stärke der Löwen[1]).

Aus diesem sachlichen Neide kann allenfalls ein Hass entstehen, indem der Besitzer der von uns begehrten Sache die Ursache unserer Betrübniss ist. Dieser Neid ist aber kein ursprünglicher Hass, sondern ein Begehren. Auch Sp., der den Neid als Hass definirt, erkennt einen solchen Neid an, wenn er den Lehrsatz aufstellt: „Wenn Jemand nach unserer Meinung sich einer Sache erfreut, die nur einer besitzen kann, so werden wir dahin streben, dass jener sich der Sache nicht bemächtige", und desgleichen, wenn er wiederum sagte, dass dieser Neid sich auch auf solche Personen beziehen kann, die wir sonst bemitleiden[2]). Dieser Neid beruht auf unserem natürlichen Streben, unsere Macht möglichst zu vermehren, aus welchem Streben auch dieses, Alles von uns zu bejahen, was uns Freude macht,

---

[1]) Nemo virtutem alicui, nisi aequali invidet. III. prop. 55. coroll. Vergl. auch ibid. schol.: adeoque easdem ipsi non magis invidebimus, quam arboribus altitudinem et leonibus fortitudinem.
[2]) Ib. prop. 32. Vergl. auch Tract. theol. polit. c. 17, wo Sp. sagt, dass aus dem Neide der Wunsch entsteht, dass es dem Beneideten ein Uebel zugefügt werde und die Freude darüber.

folgt. Es folgt aber nicht daraus der Wunsch, dass das betreffende Gut bloss seinem Besitzer entzogen werde, welcher gehässige Wunsch doch mit dem Neide aus Hass gewöhnlich verbunden ist. Sp. betont auch, dass aus dem natürlichen Streben die Begierde nach solchen Gütern fliesst, „die nur Einer besitzen kann". Ferner sagt Sp., dass ein derartiger Neid mit einem persönlichen Hasse verbunden sein kann[3]), woraus doch klar zu ersehen ist, dass er hierbei nicht von einem aus dem Hasse entspringenden Neid spricht.

Dieser sachliche Neid aber ist ja kein Gefühl, sondern ein Begehren, wie sich Sp. in dem oben erwähnten Lehrsatze mit „streben" und nicht mit „sich betrüben", wie sonst bei einem Gefühle, sich ausdrückt. Ich wüsste auch nicht, von welchem Gefühle man bei einem solchen Streben nach dem Besitze eines Gegenstandes, den ein Anderer besitzt, erfasst wird. Die Traurigkeit, welche man dabei fühlt, ist die Traurigkeit von einem unbefriedigten Begehren, die als solche kein ursprüngliches Gefühl, sondern eine aus dem Begehren hervorgegangene ist und deren Definition daher nicht in die der Gefühle, sondern, wie die Sehnsucht, die, obwohl eine Traurigkeit, doch wegen ihres Ursprungs nach Sp. zu den Affekten des Begehrens gehört und unter diesen definirt wird[4]).

Wenn aber Sp. die Invidia als odium definirt, so meint er darunter die andere Art des Neides, nämlich den aus dem Hasse folgenden oder den persönlichen Neid, der sich nur deshalb auf eine bestimmte Sache bezieht, weil dieser oder jener Mensch sie besitzt. Bei einem derartigen Neide ist das erste Motiv nicht die Begierde nach einem Gute, sondern die Verfassung unseres Gemüthes, die den Gefühlen des von uns gehassten Gegenstandes entgegengesetzt ist. Es folgt aus dem Hasse, der doch eine Traurigkeit in uns ist, und die wir doch möglichst von uns abzuwehren streben, dass das, was unserem Feinde, als der Ursache unserer Traurigkeit, Unlust bereitet und seine Macht vermindert, uns erfreuen, und das, was ihn erfreut und seine Macht vermehrt, uns betrüben wird. Diese Freude an dem Unglücke und Traurigkeit über das Wohlergehen des Feindes,

---

[3]) III. prop. 35. schol.
[4]) Affect. def. 32. explic.

welche beide aus dem Hasse hervorgehen, bezeichnet Sp. mit Neid, der nach ihm, „der Hass, welcher den Menschen so erregt, dass er sich über des Andern Glück betrübt und an des Andern Uebel erfreut, ist" [5]). Sp. sagt aber in dieser Definition des Neides „an des Andern" und nicht „an des Feindes", um anzudeuten, dass so wie die Liebe durch Gewohnheit zur Barmherzigkeit ausgebildet und zu einer Menschenliebe erhoben werden kann, so auch der Hass zur Gewohnheit werden und seinen Träger so bestimmen kann, dass seine Gefühle denen des Barmherzigen zuwiderlaufen. Sp. versteht demnach unter dem neidischen Menschen, von dem er aussagt, dass ihm Nichts angenehmer, als das Unglück des Andern und Nichts lästiger, als das Glück desselben, dasselbe, was Kant unter dem Misanthrop im praktischen Sinne versteht. Der neidische Mensch in diesem Sinne wird die Menschen nicht sowohl ihres Gutes halber beneiden, dessen Besitzer er selber sein möchte, als vielmehr darum, weil diese Menschen es besitzen, beneiden, und er wird folglich nicht nur streben, sich dieses Gutes zu bemächtigen, um sich daran zu erfreuen, als vielmehr, um es dem Andern zu entreissen. Sein Neid wird auch gemildert werden, wenn der von ihm Beneidete einen anderweitigen Verlust erlitten, wenn ihm gleich kein Vortheil daraus erwächst.

Der Neid ist daher, wie gesagt, verschiedenen Ursprungs; er entsteht aus dem Begehren und aus dem Gefühle. In dem erstern Falle ist er ein Begehren und heisst deshalb Neid, weil die Begierde nach dem Gegenstande von der Vorstellung seines Besitzers begleitet ist. Im andern Falle aber ist er Hass und heisst deshalb Neid, weil dieses Gefühl von der Vorstellung des Gutes des gehassten Gegenstandes begleitet ist. Dieser Neid reicht so weit, wie der Hass, und er wird sich auch auf die Eigenschaften und Vorzüge des Gehassten beziehen, sofern doch auch diese dem Hassenden Traurigkeit bereiten, wenn er sie an dem Feinde wahrnimmt oder von ihm aussagen hört. Denn wo der Hass als Stachel des Neides obwaltet, da kennt dieser keine Grenzen und keinen Unterschied zwischen dem

---

[5]) Invidia est odium, quatenus hominem it a afficit, ut ex alterius felicitate contristetur et contra, ut ex alterius malo gaudeat. Affect. def. 23.

ihm Ebenbürtigen und nicht Ebenbürtigen und zwischen den Gütern und Tugenden, die beim Feinde zufällig oder ihm eigenthümlich sind.

Freilich wird im gewöhnlichen Gebrauche unter Neid vorzüglich das Verlangen nach dem Besitze und nicht der Hass gegen dessen Besitzer verstanden, noch weniger die Schadenfreude, die Sp. dem Neidischen zuschreibt. Das kommt aber nicht davon, weil dem Neide kein Hass zu Grunde liegt, sondern nur weil der Hass sofort in ein Begehren übergeht, welches man sich wegen seiner Intensität eher als des vorangehenden Gefühls bewusst ist.

Gunst (favor).

Die Liebe hat noch weitere Folgen. Der Liebende wird auch dem günstig gesinnt sein, der dem Gegenstande seiner Liebe wohlgethan und Fröhlichkeit bereitet hat, da die Fröhlichkeit des Geliebten auch uns eine Fröhlichkeit verursacht, die von der Vorstellung der Ursache derselben begleitet ist. Wenn wir daher die unmittelbare Ursache unserer Fröhlichkeit lieben, so werden wir auch die mittelbare Ursache derselben lieben, wenn auch nicht in demselben Grade, da in dieser Vorstellung von deren Ursache zugleich deren Mittelbarkeit enthalten ist. Dieses Gefühl der Liebe für die mittelbare Ursache unserer Fröhlichkeit, welche eine Folge der Liebe ist, wird von Sp. besonders bezeichnet, da der aus dieser Folge gebildete Begriff ein neues Merkmal enthält, nämlich ausser dem Zustande des Geliebten auch die Ursache dieses Zustandes. Spinoza's Wort für diesen Begriff ist Gunst (favor).

Sp. definirt aber die Gunst nicht als das Verlangen, dass es dem, welchem man wohl will, gut ergehe, wie Desc.[1]) sie bestimmt hatte. Dieses Verlangen gehört vielmehr zu den Affekten des Begehrens, welches Begehren Sp. durch Wohlwollen (benevolentia) bezeichnet. Mit Gunst aber benennt Sp. das blosse Gefühl, welches an die Vorstellung dessen, der einem geliebten oder einem uns ähnlichen Gegenstande wohlgethan hat, sich knüpft[2]).

---

1) Favor est cupiditas videndi bonum evenire ei erga quem bona ferimur voluntate. Passiones anim. art. 192.
2) Favor est amor erga aliquem, qui alteri benefecit. Affect. def. 19. In dem kurzen Traktat definirt Sp. die Gunst als die Neigung der Seele,

Desgleichen werden wir gegen Denjenigen Hass empfinden, den wir uns als die Ursache der Traurigkeit des von uns geliebten Gegenstandes vorstellen, da dessen Traurigkeit auch die Ursache der unsrigen wird, und es in uns eine Traurigkeit entsteht, die von der Vorstellung jenes Gegenstandes begleitet ist. Aus einem dem obigen analogen Grunde bezeichnet Sp. auch diesen von ihm gebildeten Begriff mit einem besondern Namen, nämlich mit „Erbitterung" (indignatio), welche von ihm als Hass gegen Jemand, der einem Anderen Uebels gethan hat, definirt wird[3]).

Diese Définition stimmt bezüglich des Gefühls, welches die indignatio ausdrücken soll, mit dem des Desc. überein, der gleichfalls darunter den Unwillen, also den Hass gegen Personen, welche anderen Gutes oder Uebels gethan haben, versteht[4]). Nur fügt Desc. noch die Bestimmung hinzu: „wenn sie es nicht verdient hatten", um das sittliche Gefühl der Entrüstung auszudrücken, eine Bestimmung, welche bei Sp. deshalb ausbleibt, weil nach ihm nur Liebe und Hass und nicht das von ihm blos als Convention angesehene Recht oder Unrecht der Stachel der Gefühle für oder gegen die Menschen sind.

Auch aus dem Hasse nun gehen Folgen hervor, denen entsprechend, die wir bei der Liebe beobachtet haben, nämlich der Hass gegen und die Liebe für die Ursache der Fröhlichkeit oder der Traurigkeit in dem gehassten Gegenstande. Sp. sagt: „Wenn wir uns vorstellen, dass Jemand einen Gegenstand, den wir hassen, mit Fröhlichkeit oder Traurigkeit erfüllt, so werden wir von Liebe oder Hass gegen ihn erfüllt"[5]). Allein diese aus dem Hasse folgenden Gefühle für oder gegen eine dritte Person erhalten von Spinoza wahrscheinlich wegen des Mangels an einem passenden Ausdruck keine besonderen Namen, sondern sie werden von ihm als zum Neide, den er überhaupt als den Repräsentanten des Hasses betrachtet und mit dem er alle Gefühle des Hasses bezeichnet, gehörend, angesehen[6]). Denn, wie bereits gesagt, bezeichnet

---
seinen Nebenmenschen Gutes zu gönnen. II. c. 13. Auch Desc. schwankt in der Definition der Gunst.
3) Affect. def. 20.
4) Passiones animae art. 195.
5) III. prop. 24.
6) Hi et similes odii affectus ad invidiam referentur. ib. schol.

Sp. mit Neid gegen dessen gewöhnliche Bedeutung die Freude über das Uebel und die Traurigkeit über das Gute eines Anderen, welche aus dem Hasse fliessen.

Hochmuth (superbia).

Es ist oben bereits erwähnt worden, dass sowohl von einer Selbstliebe, als von einer Liebe für äussere Objecte gesprochen werden kann. Beide nämlich folgen aus unserem natürlichen Streben nach Selbsterhaltung, nach grösserer Vollkommenheit, d. h. nach Fröhlichkeit. Je nachdem also unsere Fröhlichkeit von der Vorstellung unseres Selbsts oder eines äusseren Gegenstandes begleitet ist, heisst sie Selbstliebe oder Liebe für einen andern Gegenstand.

Eine Folge der Selbstliebe ist, dass der Mensch sich das vorzustellen sucht, was ihn mit Fröhlichkeit erfüllt, d. h., was seine Macht und Vollkommenheit bejaht, und umgekehrt strebt der Mensch solche Vorstellungen von seinem Vorstellungskreise auszuschliessen und sie zu verneinen, die seine Mängel und Ohnmacht enthalten. Jede mögliche Bejahung und Setzung seiner Macht und seiner Vorzüge findet daher in dem natürlichen Streben eines jeden Menschen eine Stütze, kraft welcher die Bejahung Glauben findet, und wenn sie auch eine fingirte und unbegründete ist, dennoch als real angenommen wird. Jede Bejahung unserer Vorzüglichkeit wird demnach in uns so lange Anklang und Widerhall finden, bis sie durch die Existenz anderer sie ausschliessenden Vorstellungen ihrer Wirklichkeit beraubt und wir von deren Eitelkeit überführt werden. Aber diese letzteren unsern Werth verringernden Vorstellungen müssen fest begründet und von unwiderleglichen Beweisen getragen sein, wenn sie bei uns Gehör, Aufnahme und Glauben finden sollen. So lange aber ihnen derartige unerschütterliche Stützen fehlen, stossen sie auf einen mächtigen Widerstand in unserem natürlichen Streben, das sich gegen solche Aussagen verschliesst, ihnen widersetzt und sie zu bekämpfen strebt. So müssen die Vorstellungen, die uns Furcht zuführen, mehr Realität enthalten, als die ihnen entgegengesetzten, aus denen uns Hoffnung zuströmt, wenn sie sie überwinden, Statt ihrer

Platz ergreifen und sich behaupten sollen. „Denn es folgt aus unserem natürlichen Streben, dass wir das leicht glauben, was wir hoffen, und schwer, was wir fürchten"[1]), da unsere Natur sich gegen jede Verneinung unserer Vorzüglichkeit sträubt, durch welches Sträuben sie von uns als unbegründet angesehen wird.

So lange daher der Mensch nur auf die Stimme seiner Natur hört und seinem Streben folgt, „wird er mit offnen Augen träumen und glauben, dass er Alles vermag, was er in der blossen Einbildung erreicht und von sich eine höhere Meinung haben, als es recht ist".

Diese Folge der Eigenliebe wird von Sp. Hochmuth genannt, der von ihm definirt wird als eine Fröhlichkeit, die daraus entsteht, dass der Mensch mehr als recht ist, von sich hält[2]). Auch wird die superbia als falsche Meinung, als Wirkung der Eigenliebe bestimmt[3]). Diese letztere Definition aber, obgleich sie eine dem gewöhnlichen Sprachgebrauche entsprechendere ist, drückt kein Gefühl, sondern eine Meinung aus. Sp. sagt daher in derselben Stelle: „Man kann den Hochmuth auch definiren als die Selbstliebe oder Selbstzufriedenheit (amor sui sive acquiescentia in se ipso), in sofern sie einen Menschen so erregt, dass er mehr als recht ist von sich hält".

Die superbia fällt demnach mit der acquiescentia in se ipso fast zusammen, indem beide nach Sp. die Fröhlichkeit bezeichnen, welche aus der Betrachtung der eigenen Macht entspringt, und von der Vorstellung dieser begleitet ist[4]). Sie unterscheiden sich aber nach Sp. dadurch, dass letztere auf einer wahren, erstere aber auf einer falschen aus der Selbstliebe entspringenden hohen Meinung von sich beruht. Das Gefühl aber ist bei beiden dasselbe, da auch die Fröhlichkeit des Hochmüthigen von keiner Vorstellung einer falschen Meinung begleitet ist, welche besondere Vor-

---

1) Nos natura ita esse constitutos, ut ea, quae speramus, facile, quae autem timemus, difficile credamus etc. III. prop. 50. schol.
2) Superbia est laetitia orta ex eo, quod homo de se plus justo sentit. IV. prop. 57.
3) Superbia est de se prae amore sui plus justo sentire. III. def. 28.
4) Acquiescentia in se ipso est laetitia orta ex eo, quod homo se ipsum suamque agendi potentiam contemplatur. Ibid. 25. In dem Trakt. de Deo definirt Sp. den Hochmuth fast so wie Desc. (art. 157). Er sagt: Hochmuth ist, wenn ein Mensch sich eine Vollkommenheit beimisst, die bei ihm nicht zu finden ist". (II. cap. 10.) Man sieht, wie wenig Sp. dort darum zu thun war, die Gefühle und deren Folgen zu erforschen und sie besonders zu bezeichnen.

stellung allein das Specifische der einzelnen Gefühle derselben Art ausmacht.

Indess nennt Sp. nicht nur Denjenigen hochmüthig, welcher aus Selbstliebe **von sich** mehr, als recht ist, hält, sondern auch den, der aus Selbstliebe **die anderen Menschen** für geringer, als recht ist, hält und sich dadurch über sie erhebt.[5] Bei diesem Hochmuth ist die Fröhlichkeit nicht nur von der eigenen Macht, sondern auch von der Anderen Ohnmacht begleitet.

Der Hochmuth bezeichnet aber nicht dasselbe, was der Ruhm (gloria), da der letztere, obwohl auch eine Fröhlichkeit über die eigene Macht, doch nur eine solche bezeichnet, welche von der Vorstellung des Lobes Anderer begleitet ist.[6]

Dieser Affekt des Hochmuths als Folge der Selbstliebe hat nach Sp. eigentlich kein Gegentheil; „Denn sagt Sp., Niemand hält aus Selbsthass weniger von sich, als recht ist,"[7] und wenngleich Sp. für diese Behauptung keinen Grund anführt, so ist es leicht, denselben im menschlichen Streben zu finden, da dieses keinen Selbsthass aufkommen lässt.

Die Niedergeschlagenheit (humilitas) welche die aus der Betrachtung der eigenen Ohnmacht oder Schwäche entspringende Traurigkeit ist,[8] ist keine Folge des Selbsthasses, sondern eine Folge der wirklichen Hemmung der Seele, sich Etwas vorzustellen, was ihre Macht setzt,[9] welche Hemmung auch durch die Erkenntniss von etwas Mächtigerem entstehen kann. Sp. sagt auch: „Es kann zwar vorkommen, dass der Mensch sich ungerechterweise einbildet, Dies oder Jenes nicht zu vermögen; wird aber auf seine Macht Rücksicht genommen, so irrt er sich auch in sofern nicht, als durch diese Vorstellung und Muthlosigkeit ihm wirklich die Kraft abgeht, eine Handlung zu vollbringen oder Etwas zu erkennen,"[10] wozu Entschlos-

---

5) Sed hic minime tacendum est, quod ille etiam superbus vocetur qui de reliquis minus justo sentit etc. IV. 57. schol.

6) Gloria est laetitia concomitante idea alicujus nostrae actionis, quam alios laudare imaginamur. Dem Ruhm steht der Schimpf (pudor) gegenüber, der eine Traurigkeit ist, begleitet von der Vorstellung einer Handlung, die getadelt wird.

7) Nemo de se, prae odio sui, minus justo sentit. Ib. 28. explic.
8) Affect. def. 24.   9) III. prop. 55.
10) Affect. def. 28. explic.

senheit, Muth und eine entsprechende Disposition erforderlich ist. „Nimmt man aber bloss auf die Meinung Rücksicht, so ist allenfalls möglich, dass der Mensch, indem er in seiner Niedergeschlagenheit nur seine Schwäche betrachtet, von allen Menschen verachtet zu werden glaubt, während die Menschen an seine Schwäche gar nicht denken." Diese aus der Traurigkeit entstehende falsche Meinung von sich nennt Sp. Kleinmuth (abjectio), den er dem Hochmuth in sofern entgegenstellt als, so wie jener aus Selbstzufriedenheit und Fröhlichkeit mehr, so auch dieser aus Traurigkeit und Niedergeschlagenheit weniger, als recht ist, von sich hält.[11])

Zu diesem Affekte gehört auch die Furchtsamkeit eines Menschen oder seine Scrupulosität hinsichtlich der Zukunft, wobei die Furcht jede Hoffnung überwiegt und der Mensch sich nur traurige Bilder macht.

Ueberschätzung und Geringschätzung (existimatio et despectus.)

So wie aus Selbstliebe der Hochmuth und aus Niedergeschlagenheit der Kleinmuth folgt, so fliesst auch die falsche Meinung von Andern aus der Liebe und dem Hasse gegen sie. Man wird streben, von dem Freunde Alles zu bejahen, was seine Vollkommenheit enthält, und dasselbe von dem Feinde zu verneinen. Jede günstige Aussage von dem erstern wird mit unserem Streben übereinstimmen, und umgekehrt wird jede derartige Aussage von unserem Feinde unserer Natur widerstreben. Denn die Liebe und der Hass sind für uns das Mass des Werthes oder Unwerthes der von uns geliebten oder gehassten Gegenstände, statt dass wir ihren wahren Werth untersuchen und sie nur nach diesem schätzen.

Die aus der Liebe folgende unverdiente hohe Meinung von dem Freunde nennt Sp.: Ueberschätzung (existimatio), die sich von dem Hochmuth dadurch unterscheidet, dass dieser auf das eigene Selbst, jene aber

---

11) Ib. et. def. 29.

auf einen fremden Gegenstand bezogen wird[12]). Die unbillige geringe Meinung von dem Gehassten, welche aus dem Hasse fliesst, nennt Sp.: Geringschätzung (despectus), welche beide von ihm als Wirkungen oder Eigenthümlichkeiten der Liebe oder des Hasses erklärt werden, da diese den Menschen so erregen, dass er von den Gegenständen seiner Liebe und seines Hasses eine falsche Meinung haben wird[13]).

Auch diese Namen drücken, so wie der Hochmuth, kein Gefühl aus, sondern bezeichnen die subjective Meinung, die der Mensch von andern hat. Sie fallen aber nicht als solche mit der Bewunderung und der Verachtung zusammen, die, wie oben gesagt, nicht zu den Gefühlen gehören. Jene fliessen aus keinem Gefühle und bezeichnen nach Sp. die aus der Betrachtung der positiven oder negativen Seiten eines Gegenstandes sich bildende Meinung über dessen Werth oder Unwerth. Die Ueberschätzung und Geringschätzung aber drücken nach Sp. nicht sowohl die Meinung, als vielmehr deren Ursache, nämlich das Gefühl, das dazu bestimmt, aus, wie Sp. auch sagt: „dass sie auch als Liebe und Hass definirt werden können, die den Menschen so erregen, dass er von dem geliebten Gegenstande mehr, von dem gehassten weniger, als recht ist, hält"[14]).

Freilich wird der aus der Selbstliebe folgende Hochmuth, da er sich auf das eigene Selbst bezieht, einen höhern Grad erreichen, als die Ueberschätzung, die durch den Neid, der auch unter Freunden herrscht, gehemmt und an hohem Steigen gehindert wird. Dieser Affekt kann demnach zu den Schwankungen (fluctuationes) der Seele gerechnet werden, wie Furcht, Hoffnung u. s. w. von denen weiter unten gesprochen wird.

Die Folgen der Liebe und des Hasses auf dem Gebiete des Begehrens.

Hiermit ist die Darstellung der Affekte der Liebe und des Hasses und deren Eigenthümlichkeiten, d. h. deren Folgen auf dem Gebiete des Gefühls beendet. Die weiteren

---

12) Ibid 28.   13) Ibid. 21. 22. cum explic.   14) Ib. explic.

Folgen der Liebe und des Hasses, sofern sie zu einer Handlung antreiben, gehören nicht mehr zu den Gefühlen, sondern zu den aus diesen folgenden Begierden, die um so intensiver auftreten können, je mächtiger die Affekte der Fröhlichkeit und Traurigkeit sind, aus denen sie entspringen[1]).

Zu den aus der Liebe folgenden Affekten gehört zunächst die Sehnsucht (desiderium) als das Streben nach dem Besitze eines Gegenstandes, den wir lieben, d. h. dessen Vorstellung unsere Lust begleitet, ein Streben, welches durch die Erinnerung an den Gegenstand gestützt wird. Diese Begierde entsteht durch die Vorstellung des angenehmen Gegenstandes, dessen Gegenwart uns Fröhlichkeit bereitet, welche aber wegen der Abwesenheit und blossen bildlichen Existenz des Gegenstandes keine so intensive sein kann, weil in dessen Abwesenheit leicht die seine Existenz ausschliessenden und ihn vermindernden Vorstellungen aufkommen. Mit der bildlichen Vorstellung eines Gegenstandes wird nun auch der durch ihn erregte Affekt reproducirt, welcher Affekt aber in der Abwesenheit des Gegenstandes, von dem er herrührt, d. h. in der Gegenwart anderer ihn von dem Vorstellungskreise ausschliessenden Gegenstände gehemmt wird. Es entsteht daher durch die Erinnerung an einen geliebten Gegenstand das Begehren, „denselben unter gleichen Umständen, als da wir das erste Mal uns dessen erfreut haben", zu besitzen. Diese durch die Erinnerung erweckte Begierde nach dem Besitze eines Gegenstandes nennt Sp. Sehnsucht (desiderium)[2]).

Freilich ist dieser Affekt auch eine Traurigkeit, ein Hemmen des Lustgefühls, welches durch die Vorstellung des geliebten Gegenstandes erweckt wird; denn wenn der Liebende die Abwesenheit des geliebten Gegenstandes bemerkt, wird er traurig werden[3]). Da aber der Name: desiderium nicht sowohl auf die diesen Affekt begleitende Traurigkeit sich bezieht, als vielmehr das Verlangen nach dem geliebten Gegenstande ausdrückt, rechnet Sp. den an dieses Wort geknüpften Affekt zu denen des Begehrens[4]).

---

1) Cupiditas, quae prae tristitia vel laetitia, praeque odio vel amore oritur, eo est major, quo affectus major est. III. 37.
2) Ib. 36. affect. def. 32. explic.
3) Ib. 36. coroll.
4) Quare desiderium revera tristitia est etc. Sed quia nomen desi-

Ferner gehört der Wunsch, dem wohlzuthun, den wir lieben und den von seinem Elend zu befreien, für den wir Mitleid empfinden, zu den Folgen der Liebe auf dem Gebiete des Begehrens. Denn die Liebe, die das eigene Selbst auch auf andere Gegenstände ausdehnt und den beschränkten Horizont des Selbsterhaltungsstrebens erweitert, begnügt sich nicht damit, an den Gegenständen der Liebe Antheil zu nehmen, ihre Zustände, so wie die eigenen, zu empfinden und sie zu bemitleiden: sondern sie strebt auch, sie von ihren Leiden zu befreien und ihnen überhaupt Fröhlichkeit zuzuführen. Sp. stellt daher den Lehrsatz auf: „Einen Gegenstand, den wir bemitleiden, streben wir, so viel wir können, von seinem Elend zu befreien". Denn das, was den Gegenstand unseres Mitleides mit Traurigkeit erfüllt, erweckt auch in uns denselben Affekt; wir werden daher verlangen, die Ursache dieses Affektes in dem bemitleideten Gegenstande, die auch die Ursache unserer Traurigkeit ist, zu beseitigen.

Dieser Wille oder dieses Verlangen wohlzuthun, heisst nach Sp.: Wohlwollen (benevolentia), welches nach ihm nichts Anderes ist, als ein aus Mitleid (aus Liebe) entspringendes Begehren[5]).

Wenn aber die benevolentia das aus der Liebe folgende Begehren wohlzuthun bezeichnet, so drückt nach Sp. die Dankbarkeit (gratitudo) ein aus einer solchen Liebe hervorgegangenes Begehren wohlzuthun aus, die dadurch entstanden ist, dass uns Liebe oder eine liebevolle Handlung von einem Menschen widerfahren, dem wir keine Veranlassung zur Liebe gegeben haben. Denn schon die wohlwollende Gesinnung, die Jemand für uns hegt, ist nach Sp. ein Motiv für Erwiederung der Liebe, obwohl er sonst keine Ursache unserer Fröhlichkeit ist. Sp. sagt: „Wenn

---

derium cupiditatem respicere videtur, ideo hunc affectum ad cupiditatis affectus refero. Affect. def. 22. explic.

5) Rem, cujus nos miseret, a miseria, quantum possumus, liberare conabimur. Haec voluntas sive appetitus benefaciendi etc. benevolentia vocatur, quae proinde nihil aliud est, quam cupiditas ex commiseratione orta. III. prop. 27. coroll. III. schol. Auch Desc. spricht von der benevolentia als von einer wohlwollenden Art der Liebe, die das Wohl des geliebten Gegenstandes erstrebt, wonach sie aber mit Favor ziemlich dasselbe bezeichnet. Passiones animae art. 81. 83. 192. In dem Traktate de deo II. cap. 13 definirt Sp. nicht die benevolentia für sich. Diese Art des Wohlwollens aber ist in der genannten Schrift in den Definitionen der Gunst und Dankbarkeit enthalten. Leibnitz (codex juris gentium diplomaticum) sagt: Benevolentia est amaudi sive diligendi habitus, ähnlich wie Spinoza die misericordia.

Jemand sich von einem Anderen für geliebt hält und glaubt, dazu keine Veranlassung gegeben zu haben, so wird er ihn wieder lieben". Ferner: "Diese erwiedernde Liebe und damit das Streben, dem gut zu thun, der uns gut zu thun sucht, heisst: Erkenntlichkeit oder Dankbarkeit (gratia seu gratitudo)" [6]).

Die Dankbarkeit hat also denselben Inhalt mit dem Wohlwollen, sofern beide das Streben der Liebe, Gutes zu thun, enthalten, und sie unterscheiden sich von einander nur bezüglich ihrer Ursache, welche Ursache aber auf die Gestalt und den Charackter des von ihr verursachten Affektes von Einfluss ist.

Es ist übrigens möglich, dass Sp. den Affekt der Dankbarkeit von dem des Wohlwollens deshalb trennte, weil nach ihm die Affekte des Begehrens gut oder schlecht sind, je nachdem sie aus guten oder schlechten Affekten abgeleitet werden,[7]) woraus doch folgt, dass derselbe Affekt aus einer anderen Ursache einen anderen ethischen Werth hat.

Diesen Affekten des Begehrens als Folgen der Liebe stehen diejenigen Affekte des Begehrens, welche Folgen des Hasses sind, gegenüber. So steht dem Wohlwollen der Zorn (ira), der Dankbarkeit die Rache (vindicta) gegenüber. Mit dem Zorne bezeichnet Sp. das aus dem Hasse folgende Verlangen, dem gehassten Gegenstande ein Uebel zuzufügen, d. h. an seiner Traurigkeit sich zu ergötzen und in Folge dessen sie herbeizuwünschen und sie möglichst herbeizuführen, welches Verlangen ebenso nothwendig aus dem Wesen des Hasses, der auf unserer Traurigkeit, welcher wir uns mit der grössten Macht entgegenstellen, beruht, wie das Wohlwollen aus dem Wesen der Liebe. Sp. definirt also den Zorn nicht, wie Descartes, als eine besondere Art des Hasses gegen die, welche uns Uebles gethan oder zu thun beabsichtigt haben,[8]) sondern als ein aus dem Hasse folgendes Begehren (cupiditas), dem

---

6) Si quis ab aliquo se amari imaginatur, nec se ullam ad id causam dedisse credit, eundem contra amabit. III. prop. 41. Porro hic reciprocus amor et consequenter conatus benefaciendi ei, qui nos amat, gratia seu gratitudo vocatur. Ib. schol.

7) Ad cupiditas quod attinet, haec sane bonae aut malae sunt, quatenus ex bonis aut malis affectibus oriuntur. IV. 58. schol.

8) Ira est etiam species odii aut aversionis, quam habemus erga eos, qui aliquod malum fecerunt etc. Passiones animae art. 199.

gehassten Gegenstande ein Uebel zuzufügen, und er wollte damit nicht eine besondere Art des Hasses, sondern die Folge des Hasses auf dem Gebiete des Begehrens bezeichnen.

Diese Definitionen des Cartesius zeigen am deutlichsten, dass derselbe die Namen der Affekte vor sich hatte, die er zu analysiren suchte; daher seine öfteren Bemerkungen: „Dieser hat denselben Inhalt mit jenem" [9]) weil er ihren Inhalt erst den Namen entnehmen musste. Sp. dagegen hatte bestimmte und scharf gesonderte Gemüthserregungen als Folgen aus seinen Principien vor, die er durch ziemlich passende Ausdrücke wiederzugeben suchte. Es konnten daher bei ihm unmöglich zwei Namen ein und denselben Inhalt haben, weil er nicht denselben Gemüthszustand doppelt bezeichnet hat. Er konnte vielmehr wegen eines Mangels an Namen in Verlegenheit gerathen und so sich gezwungen sehen, mit demselben Namen Mehrere, wie wir beim Neide zu sehen Gelegenheit hatten, oder manche Gemüthszustände gar nicht zu bezeichnen. [10])

Mit der Rache (vindicta) bezeichnet Sp. das aus dem erwiederten Hasse folgende Begehren, dem ein Uebel zuzufügen, der uns in gleichem Affekte einen Schaden verursacht hat. Sp. sagt: „Wer sich von Jem. für gehasst hält und glaubt, dass er ihm keine Ursache dazu gegeben habe, wird ihn ebenfalls hassen. Wenn wir glauben, dass uns von Jem., der uns bisher gleichgültig gewesen ist, aus Hass ein Uebel zugefügt worden sei, so werden wir streben, ihm dieses Uebel ebenfalls zuzufügen; das Streben, ein empfangenes Uebel zu vergelten, heisst Rache." [11]) Diese unterscheidet sich so von dem Zorne, wie die Dankbarkeit von dem Wohlwollen, nämlich hinsichtlich ihrer Ursache, welche so wie dort eine unverdiente liebevolle, so hier eine derartige gehässige Handlung ist und darum einen höheren Grad des Begehrens erzeugt. Auffallend ist, dass Desc. die Vindicta nicht als eine besondere Leidenschaft hinstellt, sondern von einer zweiten Art des Zornes spricht, dessen Stärke durch die erweckte Erregung des Begehrens nach Rache zunimmt. [12]) Seine

---
9) Ibid. 193.
10) Vergl. III. prop. 40. affect. def. 48. explicatio.
11) III. prop. 40. schol. affect. def. 37: Vindicta est cupiditas etc.
12) Aetera irae species, in qua praedominantur odium et tristitia etc.;

zu weit gefasste Definition des Zornes liess keinen Raum für die Rache übrig, und sie musste deshalb nach ihm als ein Motiv des Zornes hingestellt werden, obwohl doch dieser der Rache gewöhnlich vorangeht.

Wenn man aber sonst gewohnt ist, von einem Rachegefühle zu sprechen, so muss darunter entweder die Genugthuung, die zwar ein Gefühl ist, aber erst nach genommener Rache entsteht, oder nur das Streben nach der Rache oder, was gewöhnlich ist, beides zusammen, verstanden werden, da durch die Vorstellung der zu nehmenden Rache schon das Gefühl der Genugthuung anticipirt wird; als reines Gefühl aber kann die Rache sich nicht auf die zu vollbringende, sondern auf die vollbrachte That, und zwar als Genugthuung, beziehen. Die Genugthuung aber wird von Sp. nicht besonders behandelt, wahrscheinlich, weil er alle aus dem Hasse folgenden Gefühle durch den Neid ausgedrückt haben will.

Das Streben nach der Abwesenheit des gehassten Gegenstandes, welches, ebenso wie Sehnsucht aus der Liebe, aus dem Hasse folgt, wird merkwürdigerweise von Sp. nicht als ein besonderer Affekt hingestellt, wenngleich er sowohl die Freude an der Abwesenheit des gehassten Gegenstandes, als auch das Streben darnach aus seinen Principien als nothwendige Consequenz zieht [12]).

Derselbe Gegenstand kann aber von uns zugleich geliebt und gehasst werden. Ist derselbe Gegenstand die Ursache der Liebe und des Hasses zugleich, so verdrängen diese sich nicht einander, und es entsteht keine Gleichgültigkeit gegen den betreffenden Gegenstand, sondern sie behaupten sich vielmehr nach Sp. beide und halten den Menschen in der Schwebe zwischen Liebe und Hass, so dass er der Schauplatz eines Kampfes ist. Sp. sagt daher: „Wer glaubt, dass der Mensch, welchen er liebt, ihn hasse, wird von Hass und Liebe zugleich erfasst werden" [14]). Ein in einem solchen Seelenkampfe sich befindender Mensch wird so lange zwischen Liebe und Hass schwanken, bis der Kampf ausgetragen ist und einer von den

---

sed ejus vis paulatim augetur agitatione quam fervens vindictae cupiditas excitat in sanguine etc. Passion. animae art. 202. Vergl. 199.
13) III. 13. schol.
14) III. prop. 40. coroll. 1. prop. 41. coroll.

entgegengesetzten Affekten zur Herrschaft gelangt, natürlich zu einer momentanen, da sie sich gegenseitig nicht gänzlich verdrängen können. Gewinnt die Liebe die Oberhand, so wird der Feind mit Milde (clementia) behandelt, welche Ueberhandnahme der Liebe nur durch die Macht der Seele, den Edelsinn, bewirkt werden kann. Ueberwiegt aber der Hass, so wird man dem Geliebten ein Uebel zufügen[15]). Diese Herrschaft des Hasses in Gegenwart der Gefühle der Liebe für den gehassten Gegenstand bezeichnet Sp. mit Grausamkeit oder Wuth (crudelitas sive seavitia), welche er daher als ein solches Begehren definirt, wo Jemand angetrieben wird, dem zu schaden, den er liebt oder bemitleidet[16]).

Sp. scheint aber dabei übersehen zu haben, dass eine solche Grausamkeit sich erst in der Handlung kundgiebt und in derselben besteht; als Zustand des Gemüthes aber kann, nicht einmal als Entschluss von einer Grausamkeit die Rede sein, da so lange die Handlung nicht erfolgt ist, der Kampf in der Seele auch nicht durch den Entschluss als entschieden angesehen werden kann, weil doch in der Natur einer jeden Strebung der Seele liegt, zu einer ihr entsprechenden Handlung momentan anzutreiben. Sp. bemerkt aber in einigen Stellen, dass die Affekte nicht auf die aus ihnen folgenden Handlungen, sondern auf die Gemüthszustände sich beziehen.[17])

Die Affekte, welche von einer Vorstellung vergangener oder zukünftiger Gegenstände begleitet sind. Furcht, Hoffnung u. s. w.

Bisher war von solchen Affekten der Fröhlichkeit und Traurigkeit die Rede, deren Ursache Bilder gegenwärtiger Gegenstände sind. Die Gefühle, welche durch gegenwärtige Gegenstände in uns erweckt werden, sind beständige und keine schwankende. Denn jede Erregung verharrt so

---

15) Crudelitati opponitur clementia, quae passio non est, sed animi potentia, quae homo iram et vindictam moderatur. def. 38. Quod si odium praevaluerit, ei, a quo amatur, malum inferre conabitur, qui quidem affectus crudelitas appellatur. III. 41. schol. 2.
16) Affect. def. 38.
17) Affect. def. 48. explicatio.

lange in ihrem Sein, bis sie durch die Vorstellung eines Gegenstandes, der die Existenz ihrer Ursache ausschliesst, gehemmt oder aufgehoben wird[1]). Ist daher eine gegenwärtige. d. h. von keiner sie ausschliessenden Vorstellung begleitete Sache die Ursache einer Erregung in uns, so ist diese eine beständige und sichere. Denn wenn auch zwei gegenwärtige Gegenstände in uns zwei entgegengesetzte Gefühle erwecken, so hemmen und schwächen sie zwar einander, so dass, wenn sie gleiche Intensität haben, sie beide eine solche Veränderung erleiden, dass sie aufhören, entgegengesetzt zu sein[2]), und, wenn ein Gefühl das andere an Intensität übertrifft, das stärkere und mächtigere den Sieg davon trägt. In beiden Fällen aber wird keine der Ursachen dabei beseitigt oder verändert, da entgegengesetzte Ursachen einander nicht aufheben und neben einander bestehen können, wenn auch ihre Wirkungen keinen Raum in unserem Innern haben und zugleich nicht gefühlt werden können.

Stellt man sich aber Etwas vor, was die gegenwärtige Existenz der Ursache eines Affektes in uns ausschliesst, indem diese Vorstellung die Ursache als eine vergangene oder zukünftige Sache erscheinen lässt, so trägt auch das durch diese Sache erweckte Gefühl das Gepräge seiner Ursache an sich, und es ist kein beständiges, sondern ein schwankendes Gefühl. Es verbleibt nämlich nur so lange in seiner Stärke, so lange wir nur auf seine Ursache, die, für sich betrachtet, bildlich als gegenwärtig erscheint, Acht haben. Betrachten wir aber andere Dinge als gegenwärtig, welche die Ursache des Affektes von der Gegenwart ausschliessen und sie ververmöge ihrer zeitlichen Verknüpfung mit ihnen[3]) in die Vergangenheit oder in die Zukunft versetzen, so wird das von dieser Ursache erweckte Gefühl schwächer[4]), weil die Macht der Wirkung von der Macht und Realität ihrer Ursache abhängt[5]). Die Schwäche eines derartigen Ge-

---

1) IV. prop. 7.
2) Si in eodem subjecto duae contrariae actiones excitentur, debebit necessario vel in utraque vel in una sola mutatio fieri etc. pars. V. axiom. 1.
3) Vergl. darüber II. prop. 17.
4) IV. prop. 9. schol.
5) Effectus potentia definitur potentia ipsius causae, quatenus ejus essentia per ipsius causae essentiam explicatur vel definitur. V. axiom. 2.

fühls besteht daher nicht darin, dass dessen Ursache auch etwas Negatives, das Gefühl Milderndes und Schwächendes enthält, da doch jedes Bild und jede Vorstellung einer Sache, für sich und ohne Beziehung auf die mit ihr verknüpften Vorstellungen betrachtet, nur Positives enthält und vorstellt. Die Schwäche dieser Gefühle entsteht aber dadurch, weil mit deren Ursache solche Vorstellungen verbunden sind und solche mit ihr zugleich auftauchen, die uns, da sie die Ursache von der Gegenwart ausschliessen und sie als vergangen oder zukünftig erscheinen lassen, an dem Eintreffen oder Ausgange der Sache zweifeln lassen. Denn da wir die Zeit der Existenz der Dinge lediglich nach dem bildlichen Vorstellen bestimmen und wir über die Dauer der Dinge nur eine unzureichende Kenntniss erlangen können, so werden wir von dem Bilde einer zukünftigen oder vergangenen Sache nicht so, wie von einer gegenwärtigen, erregt[6]).

Das Wesen solcher schwankenden Affekte besteht daher in der Fröhlichkeit oder Traurigkeit, welche ihre Ursache erweckt und in der besonderen Gestalt ihrer Ursache, die als vergangen oder zukünftig erscheint und einen Zweifel an ihrem Erfolge mit sich führt.

Ein aus einer solchen als vergangen oder zukünftig imaginirten Ursache entstandenes Gefühl nennt Sp. **Hoffnung** oder **Furcht**, je nachdem das Gefühl Fröhlichkeit oder Traurigkeit ist, und sie werden von ihm als unbeständige Fröhlichkeit oder Traurigkeit bezeichnet, die aus der Vorstellung einer kommenden oder vergangenen Sache entsteht, über deren Ausgang wir zweifeln.[7])

Besteht aber der besondere Charakter dieser Affekte in dem Zweifel über den Ausgang der gehofften oder gefürchteten Sache, so folgt daraus, dass, wo Hoffnung, auch Furcht sein muss und umgekehrt.[8]) Denn da, wo ein Zweifel, der die Möglichkeit des Eintreffens und des Nichteintreffens der erwarteten oder verabscheuten Sache

---

6) Sed nos de duratione rerum non nisi admodum inadaequatam cognitionem habere possumus et rerum existendi tempora sola imaginatione determinamus, quae non aeque afficitur imagine rei praesentis ac futurae. IV. prop. 62. schol.
7) Spes est inconstans laetitia, orta ex idea rei futurae vel praeteritae, de cujus eventu aliquatenus dubitamus. Metus est inconstans tristitia, orta ex idea rei futurae etc. Affect. def. 12. 13. Vergl. auch III. 18. schol. 2.
8) Ex his definitionibus sequitur, non dari spem sine metu, neque metum sine spe. Affect. def. 18. explic. Vergl. auch III. 50. schol.

enthält, herrscht, muss die Vorstellung des Eintreffens von der des Nichteintreffens der Sache stets begleitet sein, so dass, wenn die eine Hoffnung, die andere sofort Furcht erwecken muss und umgekehrt. Wenn wir daher sagen, dass wir hoffen, ist damit zugleich gesagt, dass wir fürchten und umgekehrt, da nur wegen der Begleitung der Hoffnung von der Furcht und umgekehrt diesen schwankenden Affekten die Gewissheit fehlt, die den beständigen zukommt.

Der Grund aber, warum ein solcher Gemüthszustand nur Hoffnung oder Furcht genannt wird, liegt darin, dass jede Furcht eine Fröhlichkeit und jede Hoffnung eine Traurigkeit in der Gegenwart voraussetzt, welche durch die Bilder kommender Gegenstände ausgeschlossen und aufgehoben werden. Je nachdem also die gegenwärtige Fröhlichkeit durch Bilder kommender Gegenstände bedroht oder der gegenwärtige Mangel in der Zukunft aufgehoben vorgestellt wird, heisst der dadurch entstandene Gemüthszustand Hoffnung oder Furcht, obgleich der zuerst entstandenen Hoffnung Furcht und der zuerst entstandenen Furcht Hoffnung auf dem Fusse folgt, da diese folgenden Affekte auf den ihnen vorangegangenen entgegengesetzten beruhen und sie zur Bedingung und zum Objecte haben. So fürchtet der Hoffende die aus der **Hoffnung** ihm zuströmende Freude zu verlieren, und umgekehrt der Fürchtende hofft die in seiner **Furcht** enthaltene Traurigkeit los zu werden. Sp. sagt auch in seinem kurzen Traktate: „Wir fürchten, dass das Schlimme und hoffen, dass das Gute eintreffen werde. Wir fürchten aber auch, dass das Gute und hoffen, dass das Schlimme nicht eintreffen werde"[9]. Diese negativen Furcht und Hoffnung folgen den ihnen vorangehenden affirmativen, denen ein gegenwärtiges Gut oder Uebel zu Grunde liegt. Es ist noch zu bemerken, dass Sp. wahrscheinlich deshalb in diesen Definitionen „oder vergangen" hinzufügt, um mit Hoffnung und Furcht gegen den Sprachgebrauch auch diejenige Fröhlichkeit oder Traurigkeit zu bezeichnen, die von einer Vorstellung vergangener Gegenstände begleitet ist; denn auch die Erinnerung an vergangene Freuden oder Leiden

---

[9] Tract. de deo II. cap. 9.

erweckt in uns diesen entsprechende oder entgegengesetzte Affekte, wenn sie gleich nicht so mächtig auftreten. Entsprechende, sofern nach Sp., wie bereits erwähnt, jede Vorstellung auch den mit ihr zugleich gewesenen Affekt reproducirt; entgegengesetzte, weil man sich dabei erinnert, dass die Ursache dieser Affekte nicht gegenwärtig und dass man nunmehr von dem Uebel frei und des Gutes nicht theilhaftig ist[10]). Freilich ist mit diesen Affekten gewöhnlich ein Begehren verbunden, da doch sowohl der Hoffende aus seinem gegenwärtigen Zustande herauszutreten, als der Fürchtende die Ursache der Furcht zu beseitigen strebt. Allein diese Begierde gehört nicht zum Wesen dieser Gefühle, sondern folgt vielmehr erst aus ihnen[11]), indem die Vorstellung von zukünftiger Lust oder Unlust das Verlangen hervorruft, erstere herbeizuschaffen und letztere von sich abzuwehren. Cartesius aber, der die Folgen von dem Wesen der Sache nicht trennte, definirte diese Leidenschaften als eine Mischung von Freude oder Traurigkeit und Verlangen. Auch sagt er, dass man beide Leidenschaften, obwohl sie Gegensätze sind, doch zugleich haben könne[12]), in sofern man sich die verschiedenen Gründe vorhält u. s. w., wobei er ausserdem, dass er nur die negative Furcht definirte, auch übersah, dass man nicht zugleich von Furcht und Hoffnung erfasst werden könne, da doch jede von einer besonderen Vorstellung herrührt, welche beide einander reproduciren, aber nicht zugleich vorgestellt werden. Man kann daher, glaube ich, nur zwischen Furcht und Hoffnung schweben, nicht aber beide zugleich fühlen. Sp. hingegen, der noch in dem kurzen Traktat diese Affekte als mit einiger Unlust oder Lust gemischt definirt, spricht in der Ethik nur von einer unbeständigen (inconstans) Fröhlichkeit oder Traurigkeit und nicht von einem Zugleichsein (simul esse) beider Affekte[13]).

Wird der Zweifel bei diesen Affekten gehoben, d. h.

---

10) Atque haec eadem est causa, cur homines laetantur, quoties alicujus jam praeteriti mali recordantur, et cur pericula, a quibus liberati sunt, narrare gaudeant etc. III. prop. 47. schol.
11) ... atque adeo quicquid de amore et odio diximus, facile unusquisque spei et metui applicari peterit. ibid. prop. 50. schol.
12) Ac observandum, has duas passiones, licet sibi contrarias, tamen posse simul alicui inesse. Passion. animae art. 165.
13) III. prop. 18. schol. 2. prop. 50 Affect. def. 12. 13.

glaubt der Mensch, dass die zukünftige oder die vergangene Sache da sei, oder stellt er sich ein Anderes vor, was die Existenz der Dinge ausschliesst, welche ihn zweifeln machten, so verwandelt sich die Hoffnung in **Sicherheit** und die Furcht in **Verzweiflung**. Das Wesen dieser Affekte besteht in der Vorstellung der Befriedigung und des Aufgehobenseins des herrschenden Zweifels. Ohne einen vorangegangenen Zweifel, d. h. ohne Furcht und Hoffnung kann von keiner Sicherheit, welche Fröhlichkeit, und Verzweiflung, welche Traurigkeit ist, sondern nur von einer Ruhe des Gemüthes gesprochen werden[14]).

In der Fassung dieser Affekte stimmt Sp. mit Desc. überein, nur spricht dieser auch bei diesen Affekten von einem nach Sp. nicht zum Wesen dieser Seelenzustände gehörenden Begehren, wobei er auch sagt, dass ein Begehren nur für mögliche Dinge bestehen könne.[15])

Freude (gaudium) und Gewissensbisse (conscientia morsus.)

Während die Sicherheit und die Verzweiflung solche Gefühle bezeichnen, denen Hoffnung und Furcht vorangingen, drücken nach Sp. die Freude und die Gewissensbisse solche Fröhlichkeit oder Traurigkeit aus, deren Ursachen Bilder vergangener Gegenstände sind, welche unverhofft eingetreten. Sie bezeichnen mithin einen höheren Grad dieser Affekte, welcher nur durch die Ueberraschung und das plötzliche Eintreffen des Gegenstandes entstehen kann. Es ist aber dabei nicht von einem neuen Gegenstande die Rede, wo die Bewunderung das Motiv des Wachsens des Gefühls zu diesem hohen Grade ist; bei diesen Affekten ist es vielmehr nicht die Neuheit, sondern

---

14) Oritur itaque ex spe securitas et ex metu desperatio, quando de rei eventu dubitandi causa tollitur, quod fit, quia homo rem praeteritam vel futuram adesse imaginatur et ut praesentem contemplatur, vel quia alia imaginatur, quae existentiam earum rerum secludunt, quae ipsi dubium injiciebant. ibid. 15 explic. Sp. bemerkt auch in derselben Stelle, dass die Sicherheit nur der Mangel an einem Zweifel, aber keine Gewissheit ist. Vergl. darüber II. prop. 49. schol. Vergl. auch Tract. brev. II. cap. 9, wo Sp. ebenso, wie in der Ethik, sagt, dass diese Leidenschaften sich niemals finden, es seien denn Hoffnung und Furcht vorher dagewesen.
15) Passion. animae art. 166.

das plötzliche Eintreffen des Gegenstandes, das uns aus der Fassung bringt Die Ursache dieser Affekte muss daher ein vergangener, d. h. ein bereits dagewesener Gegenstand sein, wie das auch in der Definition von Sp. angegeben worden¹). — Was die Freude betrifft, die, beiläufig bemerkt, nach Sp. dasselbe, was nach Kant, ausdrückt, der mit ihr das Vergnügen als Affekt in seinem Sinne d. h. durch Ueberraschung entstandenes bezeichnet,²) so ist zu bemerken, dass weder Cartesius, noch Spinoza im kurzen Traktate mit ihr einen Affekt bezeichnet haben, und dass sie daher zu den neuen Namen zu zählen ist, die Sp. in die der Affekte aufgenommen hat, um seinen gebildeten Affekten durch diese Worte Ausdruck zu geben. Die Gewissensbisse hingegen werden von Cartesius, im Unterschiede von der Reue, die nach ihm eine Traurigkeit wegen einer begangenen unrechten Handlung ist³), als der Scrupel über eine begangene That, deren Werth und Erfolg zweifelhaft ist, definirt⁴); es liegt demnach beiden Leidenschaften der Begriff des moralischen Unrechts zu Grunde. Sp. aber, der, da er keine Gewissensscrupel kennt, die Reue als die Traurigkeit, begleitet von der Vorstellung einer Handlung und des Subjects selbst als deren Ursache definirt und diese Traurigkeit daraus erklärte, dass die Menschen sich für frei halten, zog es vor, mit den Gewissensbissen die unverhofft eingetretene Traurigkeit zu bezeichnen. In dem kurzen Traktate (II. 10) erklärt Sp. die Entstehung der Reue und der Gewissensbisse aus der Ueberraschung, und die Definitionen dieser Affekte in beiden Schriften würden sich leicht in Einklang bringen lassen, indem man sagen könnte, dass unter dem „unverhofft eingetretenen Gegenstand" in der Ethik der Zweifel zu verstehen sei, hätte nicht Sp. in der Ethik von einem „vergangenen Gegenstande" gesprochen, welche Bestimmung hinreichend genug zeigt, dass er hier mit den Gewissensbissen ganz Anderes verbindet.

---

1) Gaudium est laetitia. concomitante idea rei praeteritae, quae praeter spem evenit. Conscientia morsus est tristitia etc. Affect. def. 16. 17.
2) Kant: Anthropologie § 74.   3) Passion. anim. art. 199.
4) Ibid. art. 177.

Kühnheit und Aengstlichkeit (audaca et pusillanimitas).

Als Folgen der Hoffnung und der Furcht auf dem Gebiete des Begehrens sind die Kühnheit und die Aengstlichkeit anzusehen. Es folgt nämlich aus dem menschlichen Streben nach Selbsterhaltung, dass er ein kommendes Uebel durch ein kleineres zu vermeiden sucht[1]). Dieser Affekt des Begehrens, der den Menschen bestimmt, aus Furcht vor einem grössseren Uebel gegen seinen Willen zu handeln, ist eine Folge der Furcht, in sofern diese der Antrieb zu einer Handlung ist und heisst Fürsorge (timor.) Eine Folge der Hoffnung aber ist die Kühnheit oder die Tapferkeit, welche bewirkt, dass der Mensch vor keiner Gefahr zurückschreckt und zu einer Handlung bestimmt wird, die andere Menschen zu übernehmen sich scheuten[2]). Ist aber ein Mensch umgekehrt von der Furcht so überwältigt, dass er auch nicht das zu thun wagt, was andere Menschen gar nicht für gefährlich halten, ist er ängstlich und kleinmüthig und die Verfassung seines Gemüthes heisst Aengstlichkeit[3]).

Freilich drückt die Aengstlichkeit kein Begehren, dessen Wesen doch lediglich in einem Antriebe zu einer Handlung besteht, aus, sondern da die Thätigkeit des Menschen in einem solchen Zustande gehemmt wird, die Furcht, die ihn zu handeln verhindert. Da aber die Aengstlichkeit das Begehren hemmt, das durch die Kühnheit unterstützt und gefördert wird, stellt Sp. sie dieser als Gegensatz gegenüber[4]). — Diese Affekte drücken nicht sowohl die Kraft der äusseren Ursache, als vielmehr die subjective Verfassung, die Empfänglichkeit eines Men-

---

1) Caeterum hic affectus, quo homo ita disponitur, ut id, quod vult nolit vel ut id, quod non vult, velit, timor vocatur, qui proinde nihil aliud est, quam metus, quatenus homo ab eodem disponitur ad malum, quod futurum judicat, minore vitandum. III. 39. schol.
2) Audacia est cupiditas, qua aliquis incitatur ad aliquid agendum cum periculo, quod ejus aequales subire metuunt. Affect. def. 40.
3) Pusillanimitas dicitur de eo, cujus cupiditas coërcetur timore periculi, quod ejus aequales subire audent. ibid. 41.
4) Est igitur pusillanimitas nihil aliud, quam metus alicujus mali, quod plerique non solent metuere; quare ipsam ad cupiditatis affectus non refero. Eandem tamen hic explicare volui, quia quatenus ad cupiditatem attendimus, affectui audaciae revera opponitur. ibid. explic.

schen für Hoffnung oder Furcht aus, da doch dabei von einem solchen Antriebe oder einer solchen Hemmniss die Rede ist, die bei denselben Umständen nur bei diesem und nicht bei anderen Menschen die anderen Seelenzustände überwältigt. Nichtsdestoweniger aber können sie als Folgen der Hoffnung und der Furcht angesehen werden, weil diese Gefühlszustände jenen Affekten des Begehrens zu Grunde liegen. Sp. sagt zwar nicht ausdrücklich, dass er diese Affekte als Folgen der Hoffnung und der Furcht betrachte; dessenungeachtet aber habe ich sie als solche behandelt, um den Zusammenhang in Sp's Definitionen der Affekte herzustellen und auch den Grund zu zeigen, warum Sp gerade diese Affekte behandelte und warum er zu den von Desc. aufgezählten neue hinzufügte. Dass die Aengstlichkeit oder Erschrockenheit auf der Furcht beruht, bedarf keiner besonderen Beweise. Ob hingegen die Kühnheit (aber nicht als Muth, der eine Folge der vernünftigen Ueberlegung und demnach eine Tugend ist) auf der blinden Hoffnung beruht, dass man aus der Gefahr unversehrt hervorgehen werde, muss erst erörtert werden. Sp. hat sich, wie gesagt, darüber nicht ausgesprochen. Cartesius hingegen sagt ausdrücklich, dass die Kühnheit — in demselben Sinne, wie bei Spinoza — von der Hoffnung abhängt, und er weist scharfsinnig nach, dass, wenn man sich auch in eine Gefahr wagt, wo keine Rettung möglich ist, die Hoffnung auf den Ruhm nach dem Tode oder auf den durch die eigene Aufopferung zu erringenden Sieg das Motiv dieses Schrittes ist[5]). In beiden Fällen aber, glaube ich, verdient eine solche Handlung weniger eine kühne als eine ehrsüchtige oder im anderen Falle eine hingebende genannt zu werden, die auf der Liebe und Hingebung an den geliebten Gegenstand, für den man sich aufopfert, beruht. Die Kühnheit aber im richtigen Sinne beruht nach meiner Ansicht nur auf der Hoffnung, die Gefahr überwinden zu können. Kant[6]) hat daher richtig bemerkt, dass der bei sichtbarer

---

[5] Vergl. Passiones animae art. 173: Quomodo audacia a spe pendeat. Notandum enim, quod licet objectum audaciae sit difficultas quam vulgo sequitur metus aut etiam desperatio, ita ut in rebus periculosioribus et desperatioribus plus audaciae et animositatis adhibeatur, debeat tamen sperari, vel etiam certo credi, finem qui intenditur successurum, ut fortiter occurrentibus difficultatibus resistatur etc.

[6] Anthropologie § 75.

Unmöglichkeit, seinen Zweck zu erreichen, sich in die grösste Gefahr Stürzende nicht mehr kühn, sondern tollkühn ist.

Die consternatio, Bestürzung oder Verzagtheit, die durch die Vereinigung der Furcht mit der Bewunderung entsteht und eine Art der Aengstlichkeit ist, wie auch die anderen mit der Bewunderung verbundenen Affekte sind bereits in dem Capitel über die admiratio behandelt worden.

Die Affekte, welche von einer zufälligen Ursache herrühren.

In dem Anhange, der cogitata metaph. enthält, sagt Sp.: „Wenn auf das Wesen eines körperlichen Dinges und nicht auf dessen Ursache gesehen wird, so wird man das Ding zufällig nennen, weil man von Seiten seines Wesens keine Nothwendigkeit des Daseins in ihm antrifft, noch einen Widerspruch oder eine Unmöglichkeit, wie bei der Chimäre. Das Zufällige sowohl wie das Mögliche ist aber keine Bestimmung des Dinges, sondern ein Mangel unserer Einsicht"[1]). In demselben Sinne nennt Sp. in der Ethik alle körperlichen Dinge zufällig und vergänglich, weil wir von ihrer Dauer keine zureichende Kenntniss haben[2]). Auch im vierten Theile der Ethik definirt Sp. die zufälligen Dinge als solche, die einer Ursache für ihre Existenz gänzlich entbehren, und die möglichen Dinge als solche, deren Existenz zwar gesetzt, deren Gegenwart aber durch andere Vorstellungen ausgeschlossen ist[3]):

Um diese metaphysischen Sätze auf die Affekte anzuwenden, ist zu bemerken, dass hierbei die Ursache des Affektes in Betracht gezogen wird, und dass Sp. die Affekte für zukünftig vorgestellte Gegenstände auch als solche Affekte bezeichnet, deren Ursache eine mögliche ist. Die Affekte der Furcht und Hoffnung, die als von zukünftigen

---

1) Cog. met. pars I. caput 2.
2) Eth. II. p. 31. Hinc sequitur, omnes res particulares contingentes corruptibiles esse. Nam de earum duratione nullam adaequatam cognitionem habere possumus, et hoc est id, quod per rerum contingentiam et corruptionis possibilitatem nobis est intelligendum.
3) IV. def. 3. 4. Vergl. auch I. prop. 33. schol. wo noch kein Unterschied

oder vergangenen Gegenständen herrührend definirt werden, können daher auch als solche, die von möglichen Ursachen ausgehen, bestimmt werden[4]); denn die Existenz eines zukünftigen oder vergangenen Gegenstandes ist ja gesetzt, wenn auch dessen Gegenwart durch andere Vorstellungen ausgeschlossen ist. — Um aber auch den Affekt für einen solchen Gegenstand zu bezeichnen, der die zufällige Ursache des Affektes ist, ein Affekt, der nach Sp. noch weniger Intensität hat, als ein für einen vergangenen und möglichen Gegenstand[5]), definirt Sp. propensio und aversio als Fröhlichkeit oder Traurigkeit, die von der Vorstellung eines Gegenstandes begleitet wird, welcher die zufällige Ursache dieser Affekte ist[6]). Die Möglichkeit solcher Affekte beruht auf dem von Sp. aufgestellten Lehrsatz, dass jeder Affekt durch die Wiederkehr der mit ihm zugleich gewesenen Umständen reproducirt wird[7]). Jeder Gegenstand kann demnach durch Zufall die Ursache eines wiederkehrenden Affektes sein[8]). Es muss aber bemerkt werden, dass, da Sp. zwischen Affekten für vergangene und zufällige Gegenstände unterscheidet, diese sogenannten zufälligen Affekte, obwohl sie auf der Reproduction und demnach auf vergangenen Affekten beruhen, von keiner Vorstellung der Vergangenheit begleitet sind, sondern gleichsam ohne jede Ursache, wie die Sympathie und Antipathie eine Neigung oder einen Widerwillen im Sinne Sp's erregen[9]). Während man daher bei Affekten für vergangene oder zukünftige Gegenstände die Ursache des Affektes in die Vergangenheit oder die Zukunft versetzt, mangelt es bei den zufälligen gänzlich an einer Ursache, wodurch der Affekt als grundlos erscheint.

Sowohl das Gesetz für die Reproduction der Affekte, als die Erklärung der aversio als eine Leidenschaft, deren Ursache uns unbekannt ist, also als Antipathie, finden wir bereits bei Descartes. So sagt er, dass zwischen Seele und Körper eine solche Verbindung bestehe, dass, wenn eine körperliche Handlung einmal mit einem Gedanken

---

zwischen zufälligen und möglichen Dingen gemacht wird.
4) Vergl. IV. prop. 12. Tract. de deo II. cap. 9.
5) IV. 13.   6) Affect. def. 8. 9.   7) III. prop. 14.
8) Res quaecunque potest esse per accidens causa laetitiae, tristitiae vel cupiditatis. Ibid. prop. 15.
9) Ib. schol. Vergl. auch ib. 18.

verbunden gewesen, dann das eine von beiden auch das andere hervorrufe. Auch erklärt er aus diesem Gesetze den besonderen Widerwillen (aversio), den manche Menschen gegen gewisse Gegenstände haben[10]). Die aversio lässt sich demnach nach Desc., obwohl er dieselbe nicht definirt, als ein Abscheu oder ein Missfallen an einem Gegenstande, für das uns kein Grund bekannt ist, definiren dieselbe Definition, die Sp. von ihr giebt. — Im kurzen Traktat hingegen definirt Sp. die aversio als eine Entrüstung gegen einen Gegenstand wegen des Ungemachs oder Schmerzes, der demselben von Natur innewohnt, eine Definition, die deshalb unerklärlich ist, weil sowohl Desc. als Sp. in der Ethik mit diesem Worte einen anderen Sinn verbinden[11]).

Die propensio, der Sp. in seinem kurzen Traktat keine Erwähnung thut, wird auch von Desc., wenn auch nicht als Sympathie, als ein niedriger Grad der Liebe, bei der man den Geliebten weniger als sich selbst achtet, definirt, im Unterschiede von der Freundschaft (amicitia) und der Hingebung (devotio), bei denen man für den Geliebten gleiche oder grössere Achtung, als für sich, hat[12]), welche letztere auch nach Sp. eine Folge der mit der Liebe verbundenen admiratio ist[13]).

Die hartnäckigen Affekte.

Obgleich Kant in seiner Anthropologie die Affekte im Hauptstücke vom Begehrungsvermögen behandelt, so bezeichnen sie doch nach ihm keine Begierden, sondern einen stärkern, aber vorübergehenden und flüchtigen Grad der Gefühle, im Gegensatze zu den Leidenschaften, die dauerhafte und bleibende Begierden sind. So rechnet er die Scham, die er, ähnlich wie Sp. die verecundia[1]), als Angst

---

10) Nimirum talem nexum inter animam et nostrum corpus esse, ut cum semel junximus quandam actionem corpoream cuidam cogitationi, neutra carum unquam se postea offerat, quin altera se quoque exhibeat etc. Etenim exempli gratia facile est cogitare, miras quorundam aversiones per quas nequeunt ferre odorem rosarum, aut praesentiam felis etc. Passiones animae art. 136.
11) Vergl. Trendelnburg: Beiträge B. III. S. 239, dem die Stelle, wo Desc. die aversio erklärt, entgangen zu sein scheint.
12) Passion. animae art. 83.
13) Devotio est amor erga eum, quem admiramur. Affect. def. 10.
1) Est enim pudor tristitia, quae sequitur factum, cujus pudet. Vere-

aus besorgter Verachtung definirt, wenn sie plötzlich eingetroffen ist, zu den Affekten, im Gegensatze zu der Scham ohne die Gegenwart der Person, vor der man sich schämt, die eine Leidenschaft ist. Auch sagt er, dass der durch die vernünftige Vorstellung des Moralisch-Guten erweckte Enthusiasmus des guten Vorsatzes kein Affekt, sondern eine Leidenschaft ist[2]). Aus dem Angeführten ist zu ersehen, dass Kant, der auf Spinoza's Affektenlehre keine Rücksicht nimmt, entweder die Begierden von den Gefühlen nicht streng genug trennte, oder seiner gegebenen Definition von Affekt und Leidenschaft nicht immer treu blieb. In Bezug auf die weitere Entwickelung und verschiedenen Definitionen dieser Begriffe in der modernen Psychologie verweise ich auf die feinen Beobachtungen und gewissenhaften Forschungen, die in den psychologischen Werken von Herbart, Drobisch, Lotze und Ulrici niedergelegt sind, welcher letztere die Affekte als blosse ungewöhnlich starke Gefühle und die Leidenschaften (mit Kant) als habituell gewordene Begierden definirt[3]).

Sp. versteht zwar, wie bereits erwähnt, unter Affekt jede Erregung des Körpers und der Seele und unter passio solche Erregungen, von denen wir nur die partielle Ursache sind. Gemeinsame Namen für die starken und heftigen Gefühle und die andauernden Begehrungen vermissen wir demnach bei ihm gänzlich. Gleichwohl lassen sich die gewöhnlich mit Affekt und Leidenschaft bezeichneten Begriffe nicht allein aus seinen Principien als Consequenzen ziehen, sondern wir finden vielmehr in seiner Ethik solche Gesetze für das Steigen und Andauern der Gefühle und Begierden, die auf diese Begriffe unmittelbar hinzielen. Wir haben bereits gesehen, dass Sp. die mit der Bewunderung verbundenen Affekte mit besonderen Namen bezeichnet, weil sie in Folge der Ueberraschung und andauernder Betrachtung der Ursache zu einem hohen Grade steigen. Auch folgt aus Spinoza's Princip des Verharrens im Sein, wonach jede Erregung so lange in ihrem Sein verharrt, bis sie durch mächtigere oder ihr entgegengesetze

---

cundia autem est metus seu timor pudoris, quo homo continetur, ne aliquid turpe committat. Affect. def. 31. explic.
2) Anthropologie III. § 71. 72. 74. 78.
3) Herbart: Lehrbuch zur Psychologie cap. 4. 5. Drobisch: Empirische Psychologie S. 205. 240. Lotze: Medicinische Psychologie § 38. Ulrici: Gott und der Mensch S. 471. 594.

Erregungen aufgehoben wird, die Möglichkeit des längeren Verharrens oder des hartnäckigen Anhaftens eines Affektes, so dass er zur Leidenschaft im gewöhnlichen Sinne wird. Sp. sagt auch ausdrücklich: „Die Kraft und der Zuwachs jeder Leidenschaft und ihre Beharrlichkeit zu existiren, wird nicht durch die Macht bestimmt, mit der wir streben, in unserem Sein zu verharren, sondern durch die Macht der fremden Ursache im Vergleich mit unserer Macht". Daraus wird gefolgert, dass: „Die Kraft einer Leidenschaft oder eines Affektes des Menschen übrige Handlungen so übersteigen könne, dass der Affekt hartnäckig an dem Menschen haftet"[4]. Diese Lehrsätze enthalten sowohl den Begriff von Affekt als von Leidenschaft im modernen Sinne, indem sie das Gesetz für die grössere Kraft, den Zuwachs und die Beharrlichkeit eines jeden Affektes aussprechen.

Dass Sp. hingegen dieses Gesetz sowohl auf die Gefühle als auf die Begierden ausdehnte, ist selbstverständlich, da nach ihm jede Begierde eine nothwendige und gesetzmässige Folge der Gefühle ist, und ein hoher Grad der Traurigkeit hat einen entsprechenden Grad des Hasses und sogleich auch den Zorn über deren Ursache zur unausbleiblichen Folge, wenn nicht Umstände eintreten, die die Ursache dieser Affektenreihe beseitigen.

Noch deutlicher und bestimmter spricht Sp. von den Leidenschaften im gewöhnlichen Sinne, unter denen wir heutzutage bleibende und vornehmlich auf der Disposition und Empfänglichkeit des Subjects beruhende Neigungen verstehen, wenn er die fünf wichtigsten Arten der Affekte als unmässige Liebe oder Begierde nach den den Affekten zu Grunde liegenden Gegenständen definirt. Der Grund des hartnäckigen Auftretens oder des Uebermasses einzelner Affekte liegt nach Spinoza darin, dass die Affekte, von denen man täglich erfasst wird, sich meistentheils nicht auf den ganzen, sondern auf einen Theil des Körpers, der vor den übrigen erregt wird, beziehen[5]. Ja, Sp. sagt sogar, dass die hilaritas (Heiter-

---

[4] Vis et incrementum cujuscunque passionis, ejusque in existendo perseverantia non definitur potentia, qua nos in existendo perseverare conamur, sed causae externae potentia cum nostra comparata. IV. prop. 5. Vis alicujus passionis seu affectus reliquas hominis actiones seu potentiam superare potest, ita ut affectus pertinaciter homini adhaereat. ib. 6.

[5] Amor et cupiditas excessum habere possunt. IV. p. 44. ... et quam-

keit) als die Fröhlichkeit, bei der alle Theile des Körpers in gleicher Weise erregt sind, leichter vorgestellt, als beobachtet wird. Deshalb haben die Affekte meist ein Uebermass (excessus) und halten die Seele in Betrachtung eines Gegenstandes so fest, dass sie an nichts Anderes denken kann. Sp. fügt auch hinzu: „Wenn auch die Menschen mehreren Affekten ausgesetzt sind und solche Menschen selten giebt, die immer nur von einem und demselben Affekt erfasst werden, so giebt es doch Menschen, welchen ein und derselbe Affekt hartnäckig anhaftet," was doch besagt, dass dieses hartnäckige Anhaften einer Leidenschaft nicht nur von der Beschaffenheit der Ursache, sondern auch von der Individualität des Menschen abhängt.

Da der Gewinn, der Ruhm, der Genuss von Speisen und Getränken und die Liebe (im gewöhnlichen Sinne) am häufigsten von allen anderen Gegenständen der Liebe und des Begehrens ein Uebermass haben und am längsten andauern können, werden sie von Sp. als die wichtigsten Arten der Affekte angegeben und deren Uebermass als Ehrsucht (ambitio), Ueppigkeit (luxuria), Trunksucht (ebrietas), Wollust (libido), und Geiz (avaritia) genannt, die er mit Ausnahme der ambitio als unmässige Liebe oder Begierde nach diesen Gegenständen definirt[6]).

Aus dem Vorangehenden ist zu ersehen, dass Sp. nicht allein von einem Uebermass der Begierde, sondern auch von einem hartnäckigen Anhaften der Liebe und der Gefühle überhaupt spricht, und weicht dieser Begriff Sp's von dem engern Begriff der Leidenschaft seit Kant in sofern ab, als man gewöhnlich darunter nur Begierden versteht.

Im Uebrigen sagt Sp., dass die unmässigen Affekte sämmtlich Arten des Wahnsinnes sind, obgleich sie nicht zu den Krankheiten gezählt werden[7]), und dass das Gegentheil dieser fünf Begierden, wie Bescheidenheit (modestia), Mässigkeit (temperantia), Nüchternheit (sobrietas) und Keuschheit (castitas) keinen leidenden Zustand be-

---

vis homines pluribus affectibus obnoxii sunt etc. non desunt tamen, quibus unus idemque affectus pertinaciter adhaereat. ib. schol.

6) Inter affectuum species, quae perplurimae esse debent, insignes sunt luxuria, ebrietas, libido, avaritia et ambitio, que non nisi amoris vel cupiditatis sunt notiones etc. III. 56. schol.

7) IV. prop. 44. schol.

zeichnen. Denn die Bescheidenheit, die als Begehren, das zu thun, was den Menschen gefällt oder zu unterlassen, was ihnen missfällt, definirt wird, gehört nach Sp. ebenfalls zum Ehrgeiz; die anderen aber eine Macht der Seele, die die Leidenschaften mässigt, bezeichnen. Und wenn die von Leidenschaften erfassten Menschen auch aus Furcht, Mangel oder wegen der Collision mit anderen Leidenschaften ihren Begierden nicht nachgehen können, so hören sie desshalb nicht auf, von der Leidenschaft erfasst zu sein, sofern die Begierde nicht unterdrückt ist [8]).

---

[8] Porro hi quinque affectus contrarios non habent. Nam modestia pecies est ambitionis, temperantiam deinde, sobrietatem et castitatem lentis potentiam, non autem passionem indicare etc. Affect. def. 48. tplic.

Lebenslauf.

Ich Abraham Gordon, mosaischer Religion, bin der Sohn des Kaufmanns B. Gordon und der Frau Debora geb. Pieskin. Mein Geburtsort ist die Gouvernementsstadt Wilna in Russland, in welcher Stadt ich im Jahre 1843 das Licht der Welt erblickte und in meinen Knaben- und Jünglingsjahren die Hebräisch-Talmud-Schule besuchte, dann die jüdische Theologie studirte und von dem dortigen Rabbinats-Collegium die Rabbiner-Würde erlangte. Durch die hebräische Literatur zur Bildung angeregt, trieb ich schon in meiner Vaterstadt alte und neue Sprachen. Erst vor fünf Jahren wurde mir die Möglichkeit, nach Deutschland zu gehen und mich meiner Herzensneigung gemäss gänzlich der Wissenschaft zu widmen. Im Jahre 1870 Monat April bestand ich in dem hiesigen Schullehrer-Seminar die Prüfung eines Elementarlehrers, von der ich aber keinen weitern Gebrauch machte, indem ich im November desselben Jahres von Herrn Professor Stobbe, dem damaligen Rector magnificus, immatriculirt und von dem damaligen Decan Herrn Prof. Schröter in das Album der philosophischen Facultät hiesiger Universität eingetragen wurde. Während acht Semester studirte ich Philosophie, semitische Sprachen und Geschichte und hörte die Vorlesungen der Herren Professoren Schmölders, Marbach, Junkmann, Dilthey, Weber, Oginski, Magnus, Körber, Polleck, Graetz, Caro, welchen hochverehrten Herren ich meinen herzlichsten Dank ausspreche. Obwohl ich mich dem rabbinischen Berufe widme, werde ich doch hoffentlich auch in der Zukunft die Philosophie mit Hingebung studiren.